O MARAVILHOSO E BOM
DEUS

James Bryan Smith

O MARAVILHOSO E BOM DEUS

Apaixonando-se pelo
Deus que Jesus conhece

Vida

Editora Vida
Rua Conde de Sarzedas, 246 — Liberdade
CEP 01512-070 — São Paulo, SP
Tel.: 0 xx 11 2618 7000
atendimento@editoravida.com.br
www.editoravida.com.br
@editora_vida /editoravida

O MARAVILHOSO E BOM DEUS
© 2009, by James Bryan Smith
Originalmente publicado nos EUA com o título
The Good and Beautiful God
Edição brasileira © 2023, Editora Vida
Publicação com permissão contratual da
InterVarsity Press (P. O. Box 1400, Downers Grove, IL 60515, USA)

Todos os direitos desta edição em língua portuguesa são reservados e protegidos por Editora Vida pela Lei 9.610, de 19/02/1998.

É proibida a reprodução desta obra por quaisquer meios (físicos, eletrônicos ou digitais), salvo em breves citações, com indicação da fonte.

■

Exceto em caso de indicação em contrário, todas as citações bíblicas foram extraídas de *Nova Versão Internacional* (NVI)
© 1993, 2000, 2011 by International Bible Society, edição publicada por Editora Vida. Todos os direitos reservados.

Todas as citações bíblicas e de terceiros foram adaptadas segundo o Acordo Ortográfico da Língua Portuguesa, assinado em 1990, em vigor desde janeiro de 2009.

■

Tradução: Andrea Filatro
Editor responsável: Sônia Freire Lula Almeida
Editor-assistente: Gisele Romão da Cruz
Revisão de tradução: Marsely Dantas
Revisão de provas: Josemar de Souza Pinto
Diagramação: Claudia Fatel Lino
Capa: Arte Vida

As opiniões expressas nesta obra refletem o ponto de vista de seus autores e não são necessariamente equivalentes às da Editora Vida ou de sua equipe editorial.

Os nomes das pessoas citadas na obra foram alterados nos casos em que poderia surgir alguma situação embaraçosa.

Todos os grifos são do autor, exceto indicação em contrário.

1. edição: jul. 2010
1. reimp.: dez. 2013
2. reimp.: nov. 2015
3. reimp.: set. 2018
4. reimp.: fev. 2020
5. reimp.: out. 2021
6. reimp.: set. 2023
7. reimp.: abr. 2025

Dados Internacionais de Catalogação na Publicação (CIP)
(Câmara Brasileira do Livro, SP, Brasil)

Smith, James Bryan
 O maravilhoso e bom Deus / James Bryan Smith; tradução Andrea Filatro. — São Paulo: Editora Vida, 2010.

 Título original: *The Good and Beautiful God*
 Bibliografia
 ISBN 978-85-383-0166-0

 1. Deus (Cristianismo) — Adoração e amor 2. Vida espiritual I. Título

10-03932   CDD-231.6

Índices para catálogo sistemático:
1. Amor de Deus : Teologia dogmática cristã 231.6

A meus mestres,
Dallas Willard e Richard J. Foster

[...] *todo mestre* [...] *instruído quanto ao Reino dos céus é como o dono de uma casa que tira do seu tesouro coisas novas e coisas velhas.*
MATEUS 13.52

Sumário

Introdução 9
Como tirar o máximo proveito deste livro 17

1 O que você está procurando?..................................... 21
   Treinamento para a alma: Sono

2 Deus é bom... 45
   Treinamento para a alma: Silêncio e consciência da criação

3 Deus é digno de confiança 69
   Treinamento para a alma: Contando suas bênçãos

4 Deus é generoso 93
   Treinamento para a alma: Orar o salmo 23

5 Deus é amor 115
   Treinamento para a alma: A lectio divina

6 Deus é santo 139
   Treinamento para a alma: Margem

7 Deus se autossacrifica... 165
   Treinamento para a alma: Lendo o evangelho de João

8   Deus transforma 183
    Treinamento para a alma: Solitude
9   Como fazer picles 211
    Treinamento para a alma: Desacelerando

Apêndice: Guia de discussão para pequenos grupos 239
Agradecimentos 271
Sobre o RENOVARE 275

Introdução

Quando perguntaram a Jesus qual era o maior de todos os mandamentos, ele citou um trecho do livro de Deuteronômio: " 'Ame o Senhor, o seu Deus, de todo o seu coração, de toda a sua alma e de todo o seu entendimento'. Este é o primeiro e maior mandamento" (Mateus 22.37,38). Em outras palavras, a coisa mais importante para um ser humano é amar Deus.

Você se lembra dos "anéis de humor"? Eles foram muito populares na década de 1970. Mudavam de cor conforme o humor de quem os usava. (Na verdade, a pedra do anel mudava de cor de acordo com a temperatura corporal, mas os vendedores tentaram vender a ideia de que a mudança correspondia às variações de humor; com isso, ganharam muito dinheiro com o acessório; até mesmo o meu!) E se alguém criasse anéis do "amor a Deus" para indicar o nível de amor que o usuário sentisse por Deus? E se todas as pessoas fossem obrigadas a usar esses anéis? Se azul--escuro indicasse nenhum amor por Deus, e azul-claro indicasse amor transbordante por Deus, imagino que muitas pessoas que vemos nas ruas estariam usando anéis bem escuros nos dedos — e muitas delas seriam cristãs. Para ser honesto, meu próprio anel do "amor a Deus" seria de um azul meio desbotado não fosse a misericórdia divina. Graças a Deus, tornei-me o Forrest Gump do mundo cristão.

QUANTOS MENTORES MARAVILHOSOS

No filme *Forrest Gump*, a personagem principal, Forrest, é um homem comum — de certo modo, deficiente — cuja vida não tinha nada de especial, exceto pelo fato de possuir um bom coração. Ao longo do filme, esse "joão-ninguém" encontra uma série de outros "joões-ninguém". Forrest é um espectador acidental que tropeça em alguns dos mais importantes acontecimentos (o discurso "Eu tenho um sonho", do dr. Martin Luther King Jr.) e algumas das mais destacadas personagens históricas (vários presidentes norte-americanos, celebridades e inventores). Quando olho para trás em minha vida, sinto-me como Forrest. Cresci em uma família metodista que acreditava apenas no Natal e na Páscoa, e só me tornei seguidor de Cristo quando me formei na faculdade. Eu adorava esportes, garotas bonitas e Jesus — nessa ordem. Meu desempenho acadêmico era absolutamente mediano. Eu estava literalmente na 300ª posição em uma turma de 600 alunos. Um currículo pouco animador.

Durante meu primeiro ano de graduação em uma universidade estadual, onde praticava esportes e ainda ficava atrás de belas garotas, Jesus começou a mexer nessa ordem. No segundo semestre, ele realmente tocou meu coração; então, decidi transferir-me para uma faculdade cristã. Escolhi uma instituição chamada Friends University [Universidade dos amigos] (presumi que eles seriam pelo menos amigáveis), localizada em Wichita, no Kansas. Eu era um aluno comum frequentando uma pequena faculdade em uma cidade do interior, sem nenhuma ideia do que o futuro me reservava. Tudo o que eu sabia era que meu desejo de conhecer Deus crescia a cada dia.

Eu não sabia quem era Richard J. Foster, nem que ele havia escrito um dos mais significativos livros cristãos dos últimos cem anos (*Celebração da disciplina*, Vida, 2009). Tudo o que eu sabia era que tinha aulas com ele às terças e quintas-feiras, das 10h30 até o meio-dia. Richard era diferente de qualquer pessoa que eu já havia conhecido. Era extremamente inteligente, mas também engraçado. Adorava rir e conhecia Deus de modo distinto de qualquer outra pessoa que eu encontrara na vida — era como se Deus fosse seu amigo. Foster me ensinaria uma forma de também conhecer o Deus que ele conhecia.

Anos depois, um amigo comum me contou que Richard orara por um aluno em quem pudesse investir sua vida e sabedoria, e, aparentemente não muito tempo depois de me conhecer, ele disse a esse amigo que eu era a pessoa que Deus tinha escolhido para essa tutoria no estilo de Paulo e Timóteo. Tudo o que eu sabia era que Richard me recomendava leituras adicionais, orava comigo, permitia que eu tomasse conta de seus filhos e me levava para acompanhá-lo em suas palestras. Foi durante esses momentos pessoais que aprendi mais com ele.

No meu ano de formatura, Richard me apresentou a Henri Nouwen, o grande escritor espiritual, no momento em que eu tentava decidir em qual seminário me matricular. Acatando a sugestão de Henri, candidatei-me à Escola de Divindade de Yale, e acabei sendo aceito. (Obviamente, nessa época meu desempenho acadêmico era muito melhor.) Depois do seminário, trabalhei como pastor em uma igreja local, casei-me com Meghan, a garota mais linda e realista que conheci na vida (obrigado, Jesus), aprendi um pouco sobre como conduzir uma igreja e rapidamente descobri que ser pastor é realmente difícil. A primeira missão de um pastor deveria ser fazer discípulos, mas há tantas outras necessidades, problemas e agenda pressionando que somos facilmente desviados do caminho.

Felizmente, minha longa união com Richard me manteve focado em permanecer espiritualmente firme.

Alguns anos mais tarde, assumi um trabalho de docência ao lado de Richard no departamento de religião da Friends University. Enquanto eu trabalhava como professor, tive outro momento Forrest: um homem chamado Rich Mullins, famoso compositor e músico cristão (ele escreveu e gravou as famosas canções "Awesome God" e "Step by Step"), assumiu uma de minhas turmas. Ter aulas sobre Deus com Rich era como ter aulas sobre matemática com Einstein — isso me intimidou. Mas nos tornamos amigos próximos, e ele acabou morando no sótão de nossa casa por quase dois anos. Por meio de Rich, conheci Brennan Manning (autor de *O evangelho maltrapilho*). Brennan também se tornaria meu mentor e amigo, e talvez ninguém me tenha ensinado mais sobre o amor de Deus que ele.

Em 1987, Richard Foster convidou-me para ajudá-lo a iniciar um ministério cristão de renovação espiritual chamado RENOVARE. Ele me contou que escolheu o nome para esse ministério certo dia quando estava comendo um prato de espaguete. Ninguém seria capaz de pronunciar o nome ou saber o que significava. Passaríamos os próximos vinte anos, junto com alguns outros homens e mulheres maravilhosos, viajando através dos Estados Unidos para liderar conferências, retiros e seminários na tentativa de ajudar as pessoas a aprender a ter uma vida mais profunda e equilibrada com Deus. Algumas pessoas pensavam que pertencíamos ao movimento Nova Era por causa de nosso nome engraçado e porque Richard usava termos peculiares como "contemplação" e "justiça social", e algumas vezes nós até mesmo fazíamos piquetes. Oh, as alegrias de servir a Jesus!

Por meio de Richard e do RENOVARE, fui apresentado ao dr. Dallas Willard (autor de *A conspiração divina*), que ensina filosofia na Universidade do Sul da Califórnia. Eu nunca conhecera alguém tão brilhante quanto Dallas. Ele, tal qual Richard, é um verdadeiro discípulo de Jesus. Em 1994, Dallas convidou-me para dividir com ele a docência de uma disciplina no programa de doutorado do ministério no Seminário Fuller. Aceitei e continuo ministrando o curso junto com ele nos últimos dez anos. O curso tem a duração de oito horas por dia, durante duas semanas, a cada verão. Eu sou apenas um admirado assistente de classe; Dallas ensina 90% do curso. Isso significa que posso sentar-me e ouvi-lo ensinar por aproximadamente sete horas diárias durante dez dias — aproximadamente setenta horas. E tenho feito isso há dez anos, o que significa que já ouvi Dallas ensinar sobre Deus, o Reino de Deus, a Bíblia, as disciplinas espirituais e a vida em geral por mais de setecentas horas!

Alguns dos melhores professores derramaram sua vida e seu ensino sobre mim, um joão-ninguém de lugar nenhum, e sou muito abençoado por isso. Suponho que esse seja o modo pelo qual o cristianismo funcionava no início. Jesus pegou 12 joões--ninguém para acampar por três anos e investiu neles sua vida porque acreditava nessas pessoas. A influência de Richard, Henri, Rich, Brennan e Dallas sobre mim é tão forte que nem sei dizer se existe uma ideia minha que não tenha sido moldada pelas ideias deles. Suas impressões digitais estão por todo este livro. Estudei todos os livros deles, escutei seus sermões, canções, palestras em fitas e CDs, mas posso honestamente dizer que foi o tempo passado exclusivamente com cada um deles que me influenciou de maneira definitiva. As longas caminhadas com Richard, as correspondências trocadas com Henri, as discussões durante toda a noite com Rich Mullins, os prolongados jantares com Brennan e as sessões de sorvete com Dallas (ele adora baunilha — quem pede sorvete de baunilha pura?) estão profundamente arraigados em minha alma.

COMO ESTE LIVRO SURGIU

Este livro é o coroamento de vinte e cinco anos de aprendizagem com esses grandes homens. Em particular, a ideia do livro surgiu logo depois que comecei a trabalhar com Dallas. Ele falava constantemente sobre a necessidade de criar um "currículo para tornar-nos semelhantes a Cristo", destinado tanto a indivíduos quanto a igrejas. Seu projeto para esse currículo pode ser encontrado no capítulo 9 de sua fantástica obra A *conspiração divina*. Ao mesmo tempo que desenvolvia esse capítulo, eu o continuava pressionado com a questão: — Isso pode ser realmente feito, Dallas?

Ele dizia: — Sim, é claro.

Então, eu retrucava: — Por que você não faz isso?

E todas as vezes ele respondia a mesma coisa: — Porque acredito que você deve fazê-lo, Jim.

Sem pressão.

Em 1998, comecei a criar um currículo baseado no projeto original de Dallas para um curso sobre como viver da maneira que Jesus nos ensinou a viver. Em 2003, procurei a liderança da igreja que eu frequentava (a Igreja Metodista Unida da Chapel Hill, em Wichita, no Kansas) e perguntei se eu poderia convidar algumas pessoas da igreja para seguir comigo esse currículo. Ela concordou apaixonadamente, e no primeiro ano liderei 25 pessoas em um curso de 30 semanas. No meio do ano, comecei a suspeitar que Dallas estava totalmente certo. A transformação genuína em direção ao caráter de Cristo é realmente possível.

Desde aquela época, já liderei outras 75 pessoas através desse currículo, e os resultados têm sido sempre iguais: uma mudança significativa de vida. Na igreja, as esposas aproximam-se de mim e dizem: "O que você está fazendo com meu marido? Ele está diferente! Está mais paciente e mais atencioso com toda a família como nunca. Não sei o que está acontecendo, mas pode ter certeza de que farei o curso no ano que vem". Além disso, esse currículo tem sido usado por universitários em grupos de jovens e estudantes reunidos no *campus*. Quando as pessoas me perguntam qual é o público-alvo desse material, costumo responder: "Qualquer um que esteja ansioso por mudanças — jovem ou velho, cristão recém-convertido ou maduro, homem ou mulher, não importa".

O INÍCIO DE UMA SÉRIE

O livro que você tem em mãos é o primeiro de uma trilogia e, junto com outros dois livros, forma um "currículo para tornar--nos semelhantes a Cristo". O objetivo deste primeiro livro é ajudar as pessoas a descobrir o Deus a quem Jesus revelou.

Cada capítulo lida com conceitos falsos e o único verdadeiro, a saber, a narrativa de Jesus. Cada capítulo também contém um exercício de treinamento para a alma a fim de ajudar a fazer penetrar de maneira mais profunda a narrativa de Jesus em nossa mente, em nosso corpo e em nossa alma. Esses exercícios não têm a intenção de tornar você mais religioso, nem de impressionar Deus. São destinados a ajudar você a perceber e entender o mundo da mesma maneira que Jesus. Ao final do capítulo, uma seção destaca as principais ideias tratadas. No decorrer de cada capítulo, há questões que podem ser usadas na reflexão individual ou interação e discussão em grupo.

Este livro é intitulado *O maravilhoso e bom Deus* porque o foco está no caráter de Deus e em como caminhamos em direção a uma vida de intimidade com Deus. O segundo livro desta série apresenta ao leitor o *Reino de Deus* e foca nosso caráter interior, abordando especificamente os vícios que provocam nossa destruição: a raiva, a luxúria, a mentira, a preocupação, o julgar os outros e assim por diante. Seguindo o Sermão do Monte, esse segundo livro analisa as narrativas por trás dessas falhas de caráter (por exemplo: Quais são as narrativas que levam à raiva?) e as substitui pelas narrativas de Jesus sobre a vida no Reino de Deus. Assim como acontece neste livro, cada capítulo contém um exercício elaborado para ajudar a fixar a narrativa adequada em nossa alma.

O terceiro livro trata do valor da *comunidade*. O foco desse livro é nos ajudar a viver como aprendizes de Jesus em nossa vida cotidiana. Como pratico a visão do reino de Jesus em minha família? Qual o impacto de minha vida com Deus sobre minha vida profissional? De que maneira, como seguidor de Cristo, posso mudar o mundo em que vivo? O que significa em minha vida cotidiana amar meus inimigos e abençoar aqueles que me amaldiçoam? No final das contas, tudo converge para o seguinte: "[O que importa é] a fé que atua pelo amor" (Gálatas 5.6), em casa, no trabalho, em nossa comunidade e em nosso planeta.

Tudo isso, porém, começa com conhecer o Deus que Jesus conhece e amar Deus com cada fibra de seu ser. Essa é a origem e o fundamento dos outros dois livros e, na verdade, de toda a vida cristã. Talvez este seja o único livro que você lerá de toda a série. Nesse caso, oro para que de algum modo seu anel do "amor a Deus" brilhe intensamente.

Como tirar o máximo proveito deste livro

Este livro foi projetado para ser usado no contexto de uma comunidade — um pequeno grupo, uma classe de escola dominical ou alguns amigos reunidos em casa ou em uma cafeteria. Trabalhar neste livro junto com outras pessoas aumenta bastante seu impacto. No entanto, se você fizer a leitura sozinho, somente as quatro primeiras sugestões seguintes se aplicarão. Não importa de que maneira você utilize o livro, estou confiante de que Deus pode e irá realizar um bom trabalho em sua vida.

1. *Prepare-se. Providencie um diário ou bloco de notas com páginas em branco.*

    Você usará esse diário para responder às questões propostas em cada capítulo e para as reflexões sobre as experiências de treinamento para a alma, sugeridas ao final de cada capítulo.

2. *Leia. Leia cada capítulo a fundo.*

    Tente não ler apressadamente e evite ler o capítulo da semana no último minuto. Comece lendo no início da semana, para que você tenha tempo de digerir o material.

3. **Faça.** *Realize o(s) exercício(s) semanal(is).*

Engajar-se em exercícios relacionados ao conteúdo do capítulo que você acabou de ler o ajudará a aprofundar as ideias que está aprendendo e começará a moldar e curar sua alma. Alguns dos exercícios exigirão mais tempo que outros. Certifique-se de reservar tempo suficiente para completar o exercício antes de sua reunião de grupo. Você precisará de tempo não apenas para realizar o exercício, mas também para registrar por escrito suas reflexões.

4. **Reflita.** *Reserve um tempo para registrar por escrito suas reflexões.*

Em seu diário, desenvolva as questões propostas ao final de cada capítulo. Isso ajudará você a tornar seus pensamentos mais claros e a cristalizar o que Deus está ensinando. Também ajudará você na etapa seguinte.

5. **Interaja.** *Compareça ao grupo preparado para ouvir e compartilhar.*

É no grupo que você tem a oportunidade de ouvir e aprender com as experiências e descobertas dos outros. Se cada participante tiver tempo de fazer suas anotações com antecedência, a conversa será muito mais eficaz. As pessoas compartilharão seus pensamentos mais refinados, e o tempo em grupo será mais valioso. É importante lembrar que devemos ouvir duas vezes mais que falar! Mas esteja preparado para compartilhar. Os outros membros do grupo aprenderão com suas ideias e experiências.

6. **Encoraje.** *Interaja com os outros participantes — fora do horário do grupo.*

Uma das grandes bênçãos que a tecnologia traz é a facilidade com que podemos manter contato com as pessoas. É uma boa ideia enviar um *e-mail* encorajador a, pelo menos, outros dois participantes de seu grupo no intervalo entre as reuniões. Faça-os saber que você está pensando neles e pergunte de que maneira você pode orar por eles. Isso fortalecerá os relacionamentos e aprofundará sua experiência. Construir relacionamentos fortes é um fator-chave para tornar sua experiência um sucesso.

Capítulo 1

O que você está procurando?

Você gostaria de ter paz permanente? Gostaria de ter um coração cheio de amor? Gostaria de ter o tipo de fé que enxerga todas as coisas — até mesmo seus fracassos e perdas — à luz do governo de Deus para sempre? Você gostaria de ter o tipo de esperança que permanece mesmo em meio a circunstâncias difíceis?

Se essa é a vida que você deseja do mais profundo de seu coração, este livro é para você.

Muitas pessoas desejam realmente mudar e responderiam positivamente a essas questões, mas muitos não acreditam que isso seja possível. Depois de anos tentando e fracassando, levam a vida cristã em desespero silencioso, esperando por uma mudança e ao mesmo tempo certas de que ela nunca acontecerá. Então, sentam-se nos bancos das igrejas semana após semana, suspirando internamente, resignadas a seu destino.

Eu também costumava pensar dessa maneira. Tentei repetidas vezes mudar. Orei e orei, implorando a Deus, suplicando-lhe que me transformasse. Tudo em vão. Eu queria tornar-me o tipo de pessoa que Jesus descreveu no Sermão do Monte — a pessoa que amava seus inimigos e nunca se preocupava com nada. No entanto, quando eu olhava para dentro de meu coração, descobria que não somente não amava meus inimigos; eu não amava nem mesmo alguns de meus amigos, e isso era motivo de grande preocupação para mim.

A mudança chegou quando, por intermédio de dois talentosos mentores, aprendi que a transformação acontece por meio do treinamento de minha alma. Não há nada superior à compreensão de Richard Foster sobre como funcionam as disciplinas espirituais, e nada mais especial que o entendimento de Dallas Willard sobre como interagimos com o Reino de Deus. A paixão da minha vida tem sido descobrir a resposta para esta questão: Como nos tornamos mais parecidos com Cristo?

> Descreva sua experiência em tentar (e talvez falhar em) mudar. Será que o problema foi falta de empenho ou falta de treinamento apropriado? Explique.

Passei a acreditar que a questão não é que queiramos mudar, nem que não tentemos mudar. O problema é que não estamos treinados para esse desafio. Nunca nos foi ensinado um padrão confiável de transformação.

PAZ E ALEGRIA EM UM AEROPORTO

Craig é uma das pessoas que participaram da experiência de desenvolver um "currículo para tornar-nos semelhantes a Cristo". Depois de participar de uma aprendizagem em grupo, Craig começou a notar mudanças significativas em sua vida: em como ele se comportava com sua família, amigos e colegas de trabalho. Ele é um arquiteto de zoológicos, trabalho que exige muitas viagens. Certo dia, ele e seu colega executivo estavam retornando da Alemanha para os Estados Unidos quando ficaram presos no aeroporto de Atlanta e foram informados de que seu voo sofreria um atraso de várias horas. Várias horas se passaram, e mais algumas, até que finalmente a companhia avisou que o voo havia sido cancelado. O atraso significava que não haveria opções de retorno para casa naquela noite, e eles teriam de pernoitar em Atlanta.

O nível de raiva na área de embarque estava chegando ao limite. Todos os passageiros foram obrigados a esperar em uma longa fila para remarcar seus voos. Craig e seu colega executivo permaneceram na fila e assistiram a cada passageiro falar rispidamente com a jovem assistente que tentava ajudá-los. Quando chegou a vez de Craig, ele olhou para a jovem, sorriu e disse:
— Prometo que não serei rude com você.

A fisionomia da atendente anuviou-se, e ela retribuiu suavemente: — Muito obrigada.

A negociação revelou-se bastante agradável, e Craig conseguiu remarcar seu voo para o dia seguinte. Conforme os dois executivos caminhavam pelo portão de embarque, Craig sorria, apesar de seu desapontamento. Seu parceiro de negócios o observara o tempo todo. Ele comentou: — Craig, conheço você há muito tempo. Um ano atrás, e você teria ficado furioso o dia inteiro e certamente teria atacado aquela mulher no guichê.

Craig confessou: — Sabe de uma coisa? Você está certo. Mas eu mudei. Eu sei quem sou e onde estou. Sou uma pessoa na qual Cristo habita e vivo no reino de um Deus que me ama e cuida de mim. Estou frustrado, mas em paz. Iremos para casa amanhã. Não há nada que possamos fazer. A raiva não ajuda em nada. Espero que possamos aproveitar essa mudança inesperada de planos.

Seu colega balançou a cabeça, espantado: — Não sei o que você anda comendo ou bebendo, mas está realmente mudado.

Era o que Craig vinha *fazendo* e *pensando* no último ano que o fez mudar. Craig seguiu seu desejo de tornar-se um tipo de pessoa diferente e inscreveu-se em um grupo de treinamento para transformação. Craig não fez isso sozinho. Seu desejo de fazer que o treinamento funcionasse e as mudanças resultantes apenas ocorreram por causa da obra do Espírito Santo.

Não por sua própria força de vontade ou empenho.

NARRATIVA FALSA: MUDAMOS POR NOSSA PRÓPRIA FORÇA DE VONTADE

Quando as pessoas decidem mudar algo, elas reúnem sua "força de vontade" e começam a tentar modificar algum comportamento. Essa estratégia quase sempre não funciona. Aproximadamente 95% das decisões de ano-novo são quebradas no final de janeiro. Ao falhar em manter sua decisão, a maioria das pessoas assume que não teve força de vontade suficiente. Elas pensam que são fracas e se sentem mal com relação a seu fracasso.

Isso é lastimável. A razão pela qual as pessoas falham não é por ausência de força de vontade. Na verdade, a vontade não tem absolutamente nenhum poder. A vontade é a capacidade humana de escolher. "Devo vestir a camisa vermelha ou a azul?", perguntamos a nós mesmos. No final, escolhemos a camisa azul, e nossa vontade é o fator determinante para a tomada de decisão. Mas a vontade não faz realmente nada. Se eu pudesse olhar dentro de você para procurar sua vontade, nunca a encontraria. Ela não reside perto de sua vesícula! Não é um órgão ou um músculo que possa crescer ou atrofiar-se.

A vontade é mais como um burro de carga que simplesmente reage aos impulsos dos outros. Um cavalo não escolhe aonde ir, mas segue em qualquer direção que o cavaleiro o conduza. A vontade funciona da mesma maneira. Só que, em vez de um único, ela tem muitos condutores. Os três principais influenciadores da vontade são a mente, o corpo e o contexto social. Em primeiro lugar, o que pensamos em nossa mente criará emoções, as quais levarão a decisões ou ações. Em segundo lugar, o corpo é um complexo gerador de impulsos que influenciam a vontade. A maior parte de nosso sistema corporal funciona sem nossa ajuda, mas quando o corpo tem uma necessidade (de alimento ou água, por exemplo), ele se expressa por meio de sentimentos (como fome e sede), avisando a mente para enviar uma mensagem à vontade: "Providencie alimento agora". Finalmente, a vontade também recebe influências de nosso contexto social. Somos altamente influenciados pelas pessoas à nossa volta. Chamamos a isso "pressão dos pares".

A vontade também não é nem forte nem fraca. Como um cavalo, ela tem uma única tarefa: fazer o que o cavaleiro (a mente, influenciada pelo corpo e pelo contexto social) lhe ordena fazer. Em consequência, a mudança — ou a ausência de mudança — não é de maneira alguma uma questão de vontade. A mudança ocorre quando esses outros influenciadores são modificados. A boa notícia é que temos controle efetivo sobre esses influenciadores. Quando novas ideias, novas práticas e novos ambientes sociais são adotados, a mudança acontece.

A NARRATIVA DE JESUS: MUDAMOS POR VIAS INDIRETAS

Jesus sabia como as pessoas se transformam. É por essa razão que ele ensinava por meio de histórias. Ele usou narrativas para explicar sua compreensão sobre Deus e o mundo: "O Reino dos céus é como um grão de mostarda" (Mateus 13.31); "Um homem tinha dois filhos" (Lucas 15.11). Se adotarmos as narrativas de Jesus a respeito de Deus, conheceremos Deus adequadamente, e as ações corretas se seguirão. O oposto é verdadeiro. Mudamos não ao reunir toda a nossa força de vontade, mas ao alterar nosso modo de pensar, o que também envolve modificar nossas ações e nosso ambiente social. Mudamos indiretamente. *Fazemos o que podemos fazer a fim de capacitar-nos a fazer aquilo que não podemos fazer diretamente.* Mudamos por vias indiretas.

Peyton Manning praticava a mudança por vias indiretas. Ele foi o artilheiro do *Super Bowl* XLI.[1] Era uma noite chuvosa, e a bola estava escorregadia. Rex Grossman, o artilheiro do time perdedor, errou várias vezes o alvo. Peyton Manning, contudo, não errou nenhuma jogada. Semanas depois da final, um repórter descobriu que toda semana, durante a temporada inteira, Manning fazia seu centro (aquele que batia sua bola), Jeff Saturday, bater para ele bolas de futebol encharcadas.[2] Ele treinava receber bolas molhadas para que estivesse pronto na ocorrência de chuva — embora seu time disputasse metade dos jogos em estádios cobertos.

---

[1] Super Bowl é o nome pelo qual é conhecida a final do Campeonato de Futebol Americano, disputada desde 1967 nos Estados Unidos. Os numerais em romanos indicam a temporada anual, no caso a 41ª, decidida em partida realizada em fevereiro de 2007. [N. do T.]

[2] Essa história foi contada por Rick Reilly em sua coluna "A vida de Reilly", na **Sports Illustrated**, February 12, 2007. p. 78.

Manning fez o que podia fazer (treinar exaustivamente a recepção de bolas molhadas) para estar capacitado a fazer aquilo que não poderia fazer sem preparação (jogar muito bem na chuva).

Não conseguimos mudar simplesmente dizendo: "Quero mudar". Precisamos examinar o que pensamos (nossas narrativas), como agimos (nossas disciplinas espirituais) e com quem estamos interagindo (nosso contexto social). Se modificarmos essas coisas — e podemos modificá-las —, então a mudança acontecerá naturalmente em nós. Por esse motivo, Jesus disse que seu "fardo" era leve (Mateus 11.30). Se pensarmos da maneira que ele pensava, se fizermos as coisas que ele fazia e passarmos tempo com pessoas que pensam e agem da mesma forma, nós nos tornaremos como ele, e esse não será um desafio tão difícil assim. Se alguém tivesse perguntado a Peyton Manning depois do Super Bowl: "Então, foi difícil lidar com a bola de futebol molhada?", ele provavelmente teria respondido algo como: "Não. Eu treinei isso o tempo todo enquanto ninguém estava assistindo". Essa é uma ilustração perfeita da mudança por vias indiretas.

Acredito que existe um método confiável de mudar nosso coração. Não é complicado nem difícil. Esse método não se baseia na força de vontade. Começamos com o triângulo da transformação.³ Envolve quatro elementos básicos: 1) mudar as histórias em nossa mente; 2) engajar-nos em novas práticas; 3) refletir e dialogar com outras pessoas que seguem o mesmo caminho; 4) fazer tudo isso sob a orientação do Espírito Santo.

---

³ Tomei emprestado e modifiquei o triângulo da transformação com base no conceito de Dallas Willard. O triângulo de Dallas consiste em Disciplinas Espirituais, Eventos Cotidianos e Ação do Espírito Santo. Meu triângulo é diferente, mas contém alguns elementos comuns.

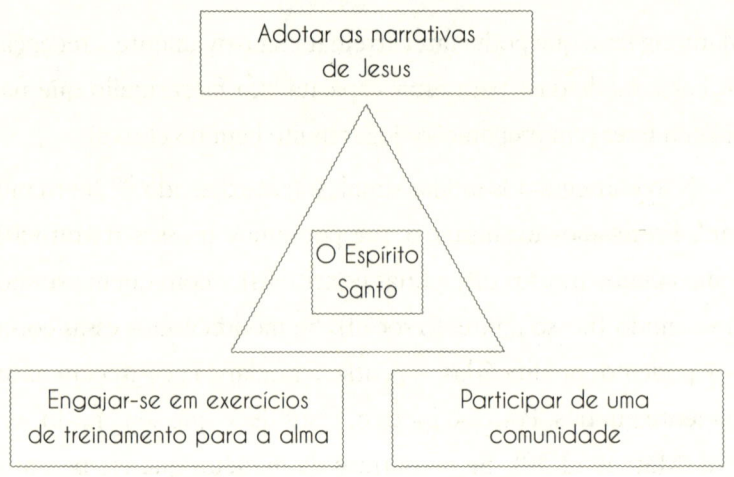

Figura 1. Os quatro componentes da transformação

PASSO UM: MUDAR NOSSAS NARRATIVAS

Somos criaturas que vivemos de acordo com nossas histórias. Desde cedo, nossos pais nos contam histórias que nos ajudam a interpretar como a vida é ou deveria ser. Somos naturalmente atraídos por histórias e precisamos segui-las até o final porque elas são excitantes. Jesus ensinava principalmente usando histórias. Uma justificativa seria que as histórias são inesquecíveis. Talvez não possamos lembrar muitas (ou algumas) bem-aventuranças, mas todos conseguimos lembrar a história do filho pródigo.

Quando passamos por uma experiência significativa — uma daquelas que nos moldam para o resto da vida —, nós a transformamos em uma história. Por exemplo, uma poderosa experiência na infância pode ter sido uma festa de aniversário especial na qual você ganhou o presente pelo qual tanto esperava. Você talvez não recorde todos os detalhes do evento. Mas se lembra da festa como uma narrativa — quem compareceu, o que as pessoas disseram, como se sentiu, qual era o formato do bolo de aniversário.

A narrativa é "uma função central [...] da mente humana".⁴ Nós transformamos tudo em história a fim de atribuir sentido à vida. Nós "sonhamos na forma de narrativa, sonhamos acordados com narrativas, recordamos, antecipamos, esperamos, desesperamos, acreditamos, duvidamos, planejamos, revisamos, criticamos, construímos, fofocamos, aprendemos, odiamos e amamos por meio de narrativas".⁵ Na verdade, não podemos evitar isso. Somos criaturas que se guiam por histórias. Elas nos ajudam a navegar em nosso mundo, a entender o certo e o errado e a encontrar significado ("E a moral da história é...").

Há vários tipos de narrativas. As narrativas *familiares* são as histórias que aprendemos de nossa família imediata. Nossos pais nos transmitem sua visão de mundo e seu sistema ético por meio de histórias. Questões-chave como "Quem sou?", "Por que estou aqui?", "Tenho valor como pessoa?" são respondidas logo cedo na forma de narrativa. Há as narrativas *culturais* que aprendemos ao crescer em uma região particular do mundo. De nossa cultura, aprendemos valores (o que é importante, o que significa sucesso) na forma de histórias e imagens. Os norte-americanos, por exemplo, aprenderam o valor do individualismo absoluto⁶ por meio das histórias do passado

---

⁴ JAMESON, Fredric. **The Political Unconscious: Narrative as a Socially Symbolic Act**. Ithaca, N.Y.: Cornell University Press, 1981. Citado por Alan PARRY e Robert E. DOAN, **Story Revisions: Narrative Therapy in the Postmodern World**. New York: Guilford Press, 1994. p. 24.

⁵ Atribuído a Barbara Hardy. Citado por MACINTYRE, Alasdair. **After Virtue: A Study in Moral-Theory**. Notre Dame, Ind.: University of Notre Dame Press, 1981. Citado por PARRY e DOAN, **Story Revisions**, p. 3.

⁶ No original, *rugged individualism*: termo usado para descrever uma visão de mundo que valoriza a independência e a liberdade individual, em

(a Revolução, os Pioneiros). Existem as narrativas *religiosas* — histórias proferidas no púlpito e na escola dominical

> O que vem à sua mente quando você lê sobre as narrativas que formaram o seu modo de pensar sobre o mundo?

e registradas nos livros religiosos, que nos ajudam a entender quem é Deus, o que ele quer de nós e como devemos viver. Finalmente, há as narrativas *de Jesus*, as histórias e imagens que Jesus nos contou para revelar o caráter de Deus.

Todos nós somos moldados por nossas histórias. Na verdade, nossas histórias, uma vez em vigor, determinam boa parte de nosso comportamento, independentemente de sua precisão ou real utilidade. Uma vez que essas histórias são armazenadas em nossa mente, elas permanecem praticamente sem nenhuma contestação até nossa morte. E aqui está o ponto principal: essas narrativas dirigem (e frequentemente destroem) nossa vida. Por essa razão, é fundamental ter as narrativas certas.

Uma vez que "descubramos" as narrativas dentro de nossa mente, podemos compará-las às narrativas de Jesus. Como Jesus é o Filho de Deus eterno e preexistente, ninguém conhece Deus ou a natureza e o significado da vida mais que ele. As narrativas de Jesus são a verdade. Ele próprio é a verdade. Portanto, a chave é adotar as narrativas de Jesus.

Jesus revelou seu Pai a nós. O Novo Testamento nos faz conhecer um Deus repleto de bondade e poder, amor e beleza. Conhecer o Deus de Jesus é conhecer a verdade sobre quem Deus realmente é.

contraponto a visões de mundo como o comunitarismo, o comunismo ou o estatismo, que defendem os interesses coletivos em detrimento dos interesses do indivíduo. [N. do T.]

Para mudar, precisamos antes de tudo mudar nossa mente. A abertura do primeiro sermão de Jesus foi: "Arrependam-se [*metanoia*], pois o Reino dos céus está próximo" (Mateus 3.2). *Metanoia* refere-se à transformação mental de uma pessoa. Jesus entendia que a mudança começa na mente. O apóstolo Paulo disse a mesma coisa quando exortou: "Não se amoldem ao padrão deste mundo, mas transformem-se pela renovação da sua *mente*, para que sejam capazes de experimentar e comprovar a boa, agradável e perfeita vontade de Deus" (Romanos 12.2).

Nossas narrativas familiares, culturais e até mesmo religiosas podem ter suas raízes no reino deste mundo. Como seguidores de Cristo, somos chamados a conservar nosso "pensamento nas coisas do alto" (Colossenses 3.2). Acima de tudo, somos chamados a ter a mente de Jesus: "Seja a atitude de vocês a mesma de Cristo Jesus" (Filipenses 2.5). Adotar as narrativas de Jesus é uma maneira de ter a mente de Cristo. Uma vez que tenhamos as narrativas corretas em vigor, a mudança começará. No entanto, ter as ideias e as informações certas é apenas o primeiro passo.

PASSO DOIS: PÔR EM PRÁTICA OS EXERCÍCIOS DE TREINAMENTO PARA A ALMA

Com as narrativas certas em vigor, precisamos fortalecê-las no restante de nossa vida por meio de atividades específicas que têm por objetivo tornar as narrativas reais não somente para nossa mente, mas também para nosso corpo e nossa alma. Você pode chamar essas atividades de "disciplinas espirituais", mas eu prefiro chamá-las de "exercícios de treinamento para a alma". A razão para isso é que as disciplinas espirituais não são realmente espirituais. Pensar que elas são "espirituais" leva as pessoas a praticá--las como atividades isoladas que são realizadas para tornar uma pessoa mais "espiritual", seja lá o que isso quer dizer. Dessa forma, essas disciplinas não são realizadas com um propósito específico, e frequentemente são cumpridas de modo legalista a fim de merecer o favor de Deus ou de outras pessoas. As disciplinas espirituais tratam de *sabedoria*, não de *justiça*. Mas são práticas sábias que treinam e transformam nosso coração.

Os atletas entendem a necessidade de treinamento. Eles correm, levantam pesos e exercitam-se muito para que possam desempenhar suas atividades com naturalidade, facilidade e força durante as competições. Em várias passagens, Paulo comparou nossa vida cristã ao *treinamento* de um atleta (1Coríntios 9.25; 1Timóteo 4.7, 8; 2Timóteo 2.5). Da mesma forma, quando nos engajamos em disciplinas espirituais como os *exercícios de treinamento para a alma*, estamos trabalhando para mudar nossa maneira de viver.

> Você tem praticado exercícios espirituais (como oração, leitura bíblica ou solitude) em sua vida? Em caso positivo, com que intenção e com que resultado?

As disciplinas espirituais visam um *efeito terapêutico*. As pessoas que passam por terapia física engajam-se em exercícios como extensões, alongamentos e levantamentos para melhorar sua capacidade. A maneira de praticarmos os exercícios de treinamento para a alma deve ser a mesma. Fazemos essas coisas (mesmo que doa um pouquinho) porque queremos melhorar nosso modo de agir. Elas são partes essenciais da transformação de nossa alma.

PASSO TRÊS: PARTICIPAR DE UMA COMUNIDADE

Os seres humanos são habitantes de comunidades. Assim como a Trindade eterna (Pai, Filho e Espírito) vive em comunidade, também nós, que somos feitos à imagem de Deus, estamos destinados a viver e amar em comunidade. Infelizmente, porém, a formação espiritual com frequência é considerada um desafio predominantemente individualista. Tendemos a pensar em nosso crescimento espiritual como uma atividade pessoal, e não como uma atividade comunitária.

A formação espiritual acontece de maneira mais profunda no contexto de um grupo. Participar de um grupo permite que nos incentivemos e nos encorajemos uns aos outros (veja Hebreus 10.24). A melhor maneira de usar este livro para fazer uma mudança completa e definitiva em sua vida é trabalhar nele em boa companhia. É lógico que você pode ler o livro por conta própria e fazer os exercícios da maneira que preferir, mas minha pesquisa de campo para este material diz que a abordagem individual tem impacto menor.

> Qual tem sido sua experiência de amizade ou comunidade cristã?

PASSO QUATRO: A OBRA DO ESPÍRITO SANTO

O Espírito Santo é com frequência o membro da Trindade que recebe a menor atenção. Oramos a Deus Pai e, quando lemos sobre Jesus nos Evangelhos, podemos imaginá-lo na forma humana. O Espírito Santo, porém, nem sempre é o foco de nossa vida.[7]

Quero acreditar que o Espírito Santo não fica aborrecido com isso.

O objetivo constante do Espírito é levar-nos ao Pai e ao Filho, e não a si mesmo. Todas as coisas que acontecem em nossa vida cristã, contudo, são obras do Espírito Santo. Quando ficamos

---

[7] A exceção está em nossos irmãos e irmãs carismáticos e pentecostais que nos fazem lembrar o papel do Espírito em nossa vida.

descontentes com nossa vida, é o Espírito que gentilmente nos impulsiona em direção a Jesus. O Espírito Santo orquestra os eventos de nossa vida com o único objetivo de nos tornar discípulos de Jesus. O Espírito Santo age em nossa vida de maneiras sutis, maneiras que nem sempre conseguimos discernir. Mas, apesar de tudo, o Espírito está agindo. Os componentes da mudança acontecem quando o Espírito Santo age no meio deles.

O Espírito Santo e as narrativas. Jesus disse a seus discípulos que após sua partida e ascensão Deus Pai enviaria o Espírito para lhes servir de guia: "Mas o Conselheiro, o Espírito Santo, que o Pai enviará em meu nome, lhes ensinará todas as coisas e lhes fará lembrar tudo o que eu lhes disse" (João 14.26). O Espírito Santo é o mestre invisível que nos leva a Jesus e nos faz recordar suas palavras. Nesse sentido, o Espírito Santo é quem nos ajuda a alterar nossas narrativas para a narrativa de Jesus. Ele nos distancia das falsas narrativas e as substitui por narrativas verdadeiras: "Quando o Espírito da verdade vier, ele os guiará a toda a verdade" (João 16.13).

Até mesmo nossa conversão depende da obra do Espírito Santo: "Ninguém pode dizer: 'Jesus é Senhor', a não ser pelo Espírito Santo" (1Coríntios 12.3). Nossa decisão de seguir Jesus e aceitá-lo como Senhor e Salvador só é possível porque o Espírito Santo nos guia à verdade. Quando substituímos uma narrativa errada, como, por exemplo, "Deus é um juiz irado que está pronto a nos punir", pela narrativa de Jesus de que Deus é um "Aba" amoroso, isso também é obra do Espírito Santo.

Paulo observa: "[Quando] clamamos: 'Aba, Pai'. O próprio Espírito testemunha ao nosso espírito que somos filhos de Deus" (Romanos 8.15,16). Eu adoro essa frase — o Espírito *testemunha* ao nosso espírito. O Espírito muda nossas falsas narrativas testemunhando a verdade. Nossos dois mais importantes relacionamentos são nosso relacionamento com Jesus como Senhor (do grego, *kyrios*) e nosso relacionamento com Deus como nosso Pai (*Aba* em aramaico, o idioma que Jesus falava).[8] Nós viemos a conhecer Jesus como nosso Senhor e Deus como nosso Aba somente pela obra do Espírito que nos oferece essas narrativas da verdade.

O Espírito e o treinamento para a alma. O Espírito posiciona-se ao nosso lado, dentro de nós e ao nosso redor quando nos engajamos em exercícios espirituais. Cada exercício de treinamento da alma do qual participamos não teria valor algum se não fosse por obra do Espírito Santo. Quando abrimos e começamos a ler a Bíblia cuidadosamente, concentrando toda a nossa atenção em Deus, o Espírito ilumina nossa mente e nos dá uma palavra direta do Senhor. Até mesmo a oração, que geralmente pensamos ser uma iniciativa nossa, é na verdade obra do Espírito Santo: "Da mesma forma o Espírito nos ajuda em nossa fraqueza, pois não sabemos como orar, mas o próprio Espírito intercede por nós com gemidos inexprimíveis" (Romanos 8.26). Quando oramos, não oramos sozinhos. O Espírito sutilmente nos inspira a orar, precedendo-nos em oração, e então orando conosco e em nosso benefício.

Quando praticamos a solitude ou o silêncio, quando nos engajamos em serviço ou simplicidade, é o Espírito que nos está ajudando e encorajando. Quando alcançamos uma nova descoberta ou algum grau de consciência durante nosso tempo de oração ou reflexão em nossos diários, novamente é o Espírito

---

[8] Veja o livro de Tom SMAIL, intitulado **The Giving Gift: The Holy Spirit in Person**. Eugene, Ore.: Wipf & Stock, 1994. p. 13.

que está sussurrando verdades que nos transformam. Isso não é fácil detectar, e frequentemente nós apenas ouvimos os ecos do Espírito, mas, à medida que nos entregamos cada vez mais a Deus mediante esses exercícios de treinamento para a alma, nossa capacidade de ouvir aumenta. Mesmo assim, todos esses exercícios e atividades não teriam o menor valor se não fosse pela presença e obra do Espírito Santo.

O Espírito Santo e a comunidade. O Espírito Santo é semelhante a um maestro, orquestrando nossa vida comunitária de oração, adoração e louvor. No entanto, diferentemente de um condutor humano, o Espírito Santo concede a cada um de nós dons e graças para que sejam usados em benefício dos outros (veja 1Coríntios 12). Quando ouvimos um sermão que toca nosso coração, o Espírito está agindo não somente ao inspirar o pregador, mas ao abrandar nosso coração e abrir nossos ouvidos.

No livro de Atos dos Apóstolos, vemos o Espírito Santo em cada história enquanto a comunidade cristã primitiva aprende a viver em comunhão e a participar do ministério de Jesus. Uma das minhas histórias favoritas é sobre como o Espírito inspirou a comunidade a comissionar Barnabé e Saulo (Paulo) para seguir em uma missão: "Enquanto adoravam o Senhor e jejuavam, disse o Espírito Santo: 'Separem-me Barnabé e Saulo para a obra a que os tenho chamado'. Assim, depois de jejuar e orar, impuseram-lhes as mãos e os enviaram" (Atos 13.2,3). Observe o contexto: eles estavam juntos (em comunidade), adorando e jejuando (envolvidos em disciplinas espirituais), quando o Espírito lhes falou. O Espírito poderia ter falado diretamente a cada um deles, mas preferiu falar à comunidade. Eles então impuseram as mãos sobre Barnabé e Paulo e os enviaram.

Quando nos reunimos em uma comunidade cristã, o Espírito Santo está uma vez mais agindo, geralmente de maneira imperceptível, com o único propósito de conduzir-nos a um amor mais profundo por Jesus e pelo Pai. Quando eu estava liderando um grupo com este material, senti-me inspirado a parar e usar os últimos quinze minutos de nossa hora juntos para simplesmente orar em pequenos grupos de três pessoas. Encorajei as pessoas a compartilhar algo sobre o que haviam orado, e a seguir passamos alguns minutos clamando a Deus por essas necessidades específicas. Dentro de alguns minutos, olhei à minha volta e ouvi as pessoas chorando. Vínhamos convivendo por aproximadamente quinze semanas, mas foi apenas quando nos abrimos uns para os outros e deixamos o Espírito nos conduzir que a verdadeira comunidade começou a surgir.

> Como você vê o Espírito Santo interagindo com os outros três componentes da transformação?

TRANSFORMAÇÃO: O FRUTO DO ESPÍRITO

O que Craig demonstrou no aeroporto de Atlanta não foi nada mais que o fruto do Espírito. Paulo nos dá uma lista de virtudes que vêm à nossa vida como resultado da obra do Espírito: "O fruto do Espírito é amor, alegria, paz, paciência, amabilidade, bondade, fidelidade, mansidão e domínio próprio" (Gálatas 5.22,23). Não podemos cerrar os dentes e então nos tornar pacientes. Não podemos reunir toda a nossa força de vontade e então nos tornar amáveis. Não podemos fazer um esforço hercúleo e então nos tornar generosos. Esses "frutos" são obra do Espírito Santo. Assim como os frutos em uma árvore, eles são desenvolvidos naturalmente de dentro para fora.

Quando o Espírito tiver mudado nossas narrativas, começaremos a pensar diferente. Em consequência disso, passaremos a acreditar e a confiar no bom e amoroso Deus, que é forte e poderoso. Começaremos a ver como Jesus viveu uma vida perfeita que nós não somos capazes de viver e como ele ofereceu essa vida ao Pai em nosso favor, libertando-nos da obrigação de merecer o amor e o favor de Deus. E, à medida que nos engajarmos em exercícios de treinamento para a alma — especialmente no contexto de uma comunidade —, aumentará nossa confiança de que Deus está agindo e de que ele está entre nós. Isso criará uma mudança interior que se manifestará em nosso comportamento externo.

Agora, diante de um voo atrasado, podemos respirar fundo e lembrar quem somos. Como Craig, podemos passar por essas experiências com amor, alegria, paz, paciência e bondade.

"VENHAM E VERÃO"

Sou apaixonado pela história de como Jesus encontrou dois de seus primeiros discípulos. Eles eram discípulos de João Batista, mas João os encorajou a seguir Jesus. Quando Jesus percebeu que eles o estavam seguindo, parou e lhes propôs uma questão simples e direta. " 'O que vocês querem?' E eles retrucaram: 'Rabi' (que significa "Mestre"), 'onde estás hospedado?' Respondeu ele: 'Venham e verão' " (João 1.38,39).

Jesus simplesmente perguntou o que os discípulos queriam. Essa é uma questão tão importante que deveríamos fazê-la a nós mesmos o tempo todo. O que você realmente quer? Aquilo que verdadeiramente desejamos, aquilo que nos desperta mais paixão, é o que determinará como organizaremos nossa vida.

Note a resposta estranha e ilógica — "Rabi, onde estás hospedado?" — que os discípulos deram à questão direta feita por

Jesus: "O que vocês querem?". Jesus, no entanto, conhecia o coração daqueles homens. Eles o estavam seguindo porque tinham paixão por viver uma vida maravilhosa e boa, e esperavam que Jesus os guiasse a esse tipo de vida. Jesus continua o diálogo com uma resposta simples, porém profunda: "Venham e verão". Ele responde a ambas as questões — aquela sobre onde ele está hospedado, e a outra cuja resposta os futuros discípulos realmente estão buscando. Jesus sabe que, se eles o seguirem, encontrarão o que verdadeiramente querem na vida.

Jesus chamou você para ser um de seus discípulos. Sei disso porque você está lendo este livro. O Espírito Santo conduziu você até aqui por meio de seu desejo por uma vida mais profunda, uma fé mais autêntica e uma esperança mais segura no Deus que Jesus conhece. Jesus convidou você a tornar-se um de seus aprendizes. Não por causa de sua força ou de suas habilidades, mas porque ele sabe que, se você aprender a pensar como ele pensa e a fazer as coisas que ele fez, poderá viver uma vida impressionante. Você talvez não mova montanhas nem caminhe sobre as águas, mas estou confiante de que poderá aprender a ser paciente e gentil, a perdoar aqueles que o magoaram e a abençoar e orar por seus inimigos. E isso é um milagre tão espantoso como andar sobre a água.

Talvez você se apaixone pelo Deus que Jesus conhece.

TREINAMENTO PARA A ALMA
Sono

O inimigo número um da formação espiritual cristã hoje é a exaustão. Estamos vivendo além de nossos recursos, tanto financeiros quanto físicos. Por consequência, uma das atividades (ou antiatividades) da vida humana está sendo negligenciada: o sono. Segundo vários estudos, o ser humano comum precisa de aproximadamente oito horas de sono a fim de manter sua saúde. Isso quer dizer que Deus criou a humanidade para gastar aproximadamente um terço da vida dormindo. Essa é uma ideia impressionante. Fomos criados para passar grande parte de nossa existência essencialmente não fazendo nada. A falha em fazer isso resulta em danos à saúde física, perda de energia e diminuição da produtividade. E com frequência nossa privação de sono também atinge negativamente os outros. Muito mais pessoas morrem anualmente por causa de motoristas sonolentos do que por causa de motoristas embriagados.[1]

---

[1] Embora não haja estatísticas oficiais no Brasil, pode interessar ao leitor brasileiro os comentários da Associação Brasileira de Neurologia sobre a relação entre privação de sono e acidentes de trânsito. Sugere-se a leitura do artigo "Dirigir Sonolento Deveria Ser Considerado Crime", in:

No excelente livro *Rest* [Descanso], o dr. Siang-Yang Tan cita Arch Hart, que simplesmente diz: "Necessitamos de descanso hoje mais do que em qualquer outra época na História".[2] O dr. Tan continua informando que na década de 1850 o cidadão norte-americano comum dormia nove horas e meia por noite. Em 1950, esse número caiu para oito horas por noite. Hoje um cidadão norte-americano comum dorme menos de sete horas por noite. Estamos abaixo da quantidade necessária de sono e, por esse motivo, sofrendo em vários níveis. Uma pesquisa feita pela Fundação Nacional do Sono mostrou que 49% dos americanos adultos apresentam problemas relacionados ao sono, e que um em cada seis sofre de insônia crônica. Uma médica conhecida minha me contou que as prescrições dela, com mais frequência, a seus pacientes estão relacionadas aos problemas do sono.

Em contraste, um estudo feito pelo Instituto Nacional de Saúde Mental, no qual se permitia aos participantes "dormir quanto pudessem" a cada noite, demonstrou que as pessoas dormiam em média oito horas e meia. Aqueles que participaram do estudo disseram que se sentiram mais felizes, menos cansados, mais criativos, mais cheios de energia e mais produtivos. Deus nos criou para sermos como mordomos de nossa vida — corpo, mente e alma. Precisamos começar a cuidar de nosso corpo, o qual aparentemente requer de sete a oito horas de sono por noite.

Journal of Clinical Sleep Medicine, v. 1, n. 4, 2005, disponível em: <http://www.cadastro.abneuro.org/site/conteudo.asp?id_secao=78&id_conteudo=85&ds_secao=UltimosArtigos&ds_grupo=Departamento de Sono>. [N. do T.]

[2] Citado em TAN, Siang-Yang. Rest. Ann Arbor, Mich.: Servant, 2000. Todos os dados deste parágrafo e dos seguintes foram extraídos de seu capítulo intitulado "Sleep" [Sono], p. 109-123.

Fracassar nisso obviamente resulta em fadiga e, por consequência, em fracasso em outras áreas de nossa vida.

O que isso tem que ver com a formação espiritual cristã? O ser humano não é apenas uma alma abrigada em um corpo. Nosso corpo e nossa alma estão integrados. Se nosso corpo sofre, nossa alma também sofre. Não podemos negligenciar o corpo em nossa busca por crescimento espiritual. Na verdade, negligenciar nosso corpo inevitavelmente atrapalha nosso crescimento espiritual. Tudo o que fazemos em nossa vida, incluindo as práticas de formação espiritual, fazemos em e com nosso corpo. Se nosso corpo está descansado o bastante, nossas energias serão diminuídas e nossa capacidade de orar, ler a Bíblia, ficar em solitude ou memorizar as Escrituras será reduzida.

O foco deste capítulo é mostrar como a formação espiritual resulta de uma combinação de nossa ação com a ação de Deus. Precisamos fazer alguma coisa, mas confiamos que Deus proverá o que é necessário para a mudança. O sono é um exemplo perfeito da combinação entre disciplina e graça. Você não pode obrigar-se a dormir. Você não consegue forçar seu corpo a adormecer. O sono é um ato de entrega. É uma declaração de confiança. É admitir que não somos Deus (que nunca dorme), e isso é uma boa notícia. Não podemos obrigar-nos a dormir, mas podemos criar as condições necessárias para o sono.

Destaquei anteriormente que as disciplinas espirituais não são meios para obter alguma coisa de Deus, mas práticas sábias que permitem que Deus nos ensine, nos treine e nos cure. O sono, portanto, é uma espécie de disciplina "antidisciplina". Comece este exercício e continue praticando-o durante todo o tempo em que você ler este livro (e, espero, pelo resto de sua vida). Você nunca chegará ao ponto em que dormirá mais que o necessário para um repouso adequado.

A DISCIPLINA DO SONO

Pelo menos uma vez nesta semana, durma até não conseguir dormir mais. Se necessário, escolha uma ocasião em que você possa tirar uma sesta. Seu objetivo é dormir, ou ficar na cama, até poder dizer finalmente: "Estou completamente descansado. Não preciso dormir ou ficar na cama nem um minuto mais". Você talvez precise pedir ajuda a outras pessoas se tiver familiares que necessitam de seus cuidados.

Se você for incapaz de realizar esse exercício, tente outro: comprometa-se a dormir pelo menos sete horas seguidas pelo menos três vezes nesta semana. Talvez você precise ir para a cama mais cedo que de costume. Seguem algumas dicas para ajudar você a adormecer:[3]

1. Deite-se no mesmo horário todas as noites.
2. Procure não se envolver em atividades que aumentem o estresse (como assistir à TV ou passar tempo no computador) logo antes de deitar-se.
3. Se você é afetado por estimulantes (cafeína, comidas apimentadas), evite-os esta noite.
4. Não se force a dormir. Se você não se sentir sonolento, leia um livro, medite em um salmo, ouça música ambiente ou sente-se diante de uma janela e contemple a paisagem até sentir sono, e então volte para a cama. Até que seu corpo esteja pronto para dormir, não adiantará nada rolar na cama.
5. Se você acordar no meio da noite, não precisa levantar-se, permaneça deitado na cama. Dê a seu corpo uma chance de voltar a dormir.

---

[3] Essas dicas são uma versão condensada e modificada de uma série de sugestões apresentadas no livro do dr. Tan, com base em ideias extraídas do livro de HART, Archibald. **The Anxiety Cure**. Nashville: Word, 1999. p. 204-206.

Mesmo com essas dicas, você talvez enfrente dificuldades em dormir o suficiente. Nesse caso, pode ser útil consultar um médico para verificar se existe uma explicação médica para seu caso. Você também poderia procurar um especialista em sono, ou talvez visitar um conselheiro ou terapeuta a fim de verificar se algum problema emocional subjacente está atrapalhando seu sono.

PARA REFLETIR

Quer esteja estudando este material sozinho quer em companhia de outras pessoas, as questões a seguir podem ajudá-lo a refletir sobre sua experiência. Em ambos os casos, pode ser uma boa ideia responder a essas questões em seu diário. Se você estiver reunido com um grupo, leve seu diário à reunião para ajudá-lo a recordar suas descobertas à medida que você compartilha suas experiências.

1. Você conseguiu pôr em prática a disciplina do sono esta semana? Em caso positivo, descreva o que fez e como se sentiu a respeito.
2. O que você aprendeu sobre Deus ou sobre si mesmo por meio desse exercício?

Capítulo 2
Deus é bom

Lembro-me da primeira vez em que fui convidado a falar a uma igreja que usa a dobradinha "apelo e resposta" em seus cultos de adoração. O líder de adoração gritava algo, e a congregação respondia clamando alguma coisa de volta. Percebendo que eu não estava acostumado a fazer isso, o pastor apresentou-me à congregação e disse: — Precisamos preparar nosso convidado para a maneira de fazermos as coisas por aqui, por isso vamos treinar a resposta em coro que repetimos todos os domingos e, então, deixá-lo experimentar, para que seu coração fique pronto para pregar.

O pastor fez uma pausa e então gritou: — Deus é bom!

A congregação gritou em resposta: — Para todo o sempre...

O pastor então continuou: — E para todo o sempre...

— Deus é bom! — foi a conclusão da igreja.

A seguir, ele disse: — Jim agora nos conduzirá.

Ele apontou para o microfone do púlpito, onde eu, nem um pouco acostumado a gritar e receber gritos em resposta, soltei um: — Deus é bom!

Para me encorajar, as pessoas gritaram de volta bem alto: — Para todo o sempre!

Cheio do Espírito Santo ou de adrenalina, ou de ambos, gritei em resposta: — E para todo o sempre!

Ao que eles berraram de volta: — Deus é bom!

Naqueles dias, era fácil para mim gritar "Deus é bom!", já que até aquele momento minha vida tinha sido caracterizada por sucesso e bênção. Eu não tinha problema em dizer a ninguém que acreditava que Deus era bom, verdadeira e absolutamente bom. Eu tinha toneladas de evidências: uma família amorosa, saúde perfeita, uma bela e maravilhosa esposa, um filho saudável, uma grande carreira. Doze anos antes, eu me tornara cristão, e daquele momento em diante Deus se fizera presente em minha vida de maneiras óbvias. Dizer, ou mesmo gritar, que Deus é bom era fácil e natural para mim naquela manhã de domingo. Tudo isso, porém, estava prestes a mudar.

"QUEM PECOU?"

Perdi o fôlego quando recebi a notícia. Os médicos disseram à minha esposa e a mim que o pequeno ser que ela carregava durante oito meses tinha uma rara disfunção cromossômica que o faria morrer assim que nascesse. Voltamos para casa completamente desorientados e tomados pelas lágrimas. Os médicos foram tão secos ao dar essa terrível notícia que tive vontade de sacudi-los e dizer: "É sobre nossa filha que vocês estão falando, não sobre uma avaria médica!". Até aquele momento, nada tão terrível tinha acontecido em minha vida. Agora eu estava diante de um dos piores problemas que podem acontecer a alguém — lidar com a morte iminente de uma criança. Como uma pessoa sobrevive a esse tipo de provação? Como você passa da pintura do quarto do bebê para o planejamento de seu funeral? Como um cristão, alguém que acredita na bondade de Deus, responde a algo tão trágico e devastador?

O que constatamos a seguir é que o prognóstico médico estava errado. Nossa filha realmente tinha uma disfunção cromossômica, mas não do tipo imediatamente fatal. A pequena Madeline (ironicamente, seu nome significa "torre de força") sobreviveu ao nascimento, mas pesava muito pouco, apresentava uma falha no coração, era surda e não conseguia reter nenhum alimento. Os especialistas asseguraram então que ela não viveria mais que um ano ou dois. Durante esse período, tanto minha esposa quanto eu sentíamos como se estivéssemos sendo golpeados no estômago — repetidas vezes. Simplesmente aquele sofrimento todo não cessava. Certo dia, um pastor que eu conhecia há tempos levou-me para almoçar, numa tentativa de me consolar. No meio de uma garfada, ele me perguntou: — Quem pecou, Jim, você ou sua esposa?

Eu disse: — Desculpe-me... O que você quer dizer com isso?

Ele explicou: — Bem, um de vocês deve ter pecado de alguma forma para causar tudo isso que aconteceu com sua filha.

Comecei a pensar nas coisas ruins que tinham ocorrido em minha vida, tentando descobrir qual delas poderia ter desagradado a Deus a ponto de ele nos dar uma criança com problemas congênitos fatais. "Será que aquele pastor estava certo?" Eu queria muito saber. Poderia pensar em pelo menos meia dúzia de pecados bastante sérios, mas nada ilegal ou imoral, e certamente nenhum que justificasse que um bebê pagasse por isso. Então, pensei comigo mesmo: "Talvez tenha sido minha esposa!

Afinal de contas, o pastor mencionou um de nós! Talvez ela tenha feito alguma coisa ruim — o que poderia ser?". Deixei minha mente vagar dessa maneira o resto da tarde e mergulhei fundo em uma mistura de remorso e tristeza, raiva e suspeita. Conforme minha mente divagava, parecia que o nascimento de Madeline era a triste soma de uma simples equação de causa e efeito: Deus estava ajustando as contas conosco ou havia alguma razão obscura por trás de suas ações. Questionar ou julgar a correção das ações de Deus seria cair em pecado ainda maior.

Madeline viveu por apenas mais dois anos, e então seu pequeno corpo finalmente desistiu de lutar. Durante esses dois anos e o ano seguinte, as pessoas nos disseram coisas escandalosamente ignorantes e rudes. Durante o velório que antecedeu o sepultamento de Madeline, uma mulher disse à minha esposa: "Tudo bem, querida, você pode ter outra filha". Os comentários que começaram a me aborrecer mais eram aqueles de cunho teológico explicando que Deus era responsável por tudo aquilo. "Bem, estou certo de que o Senhor teve uma razão para fazer isso", várias pessoas disseram. "Acredito que Deus a queria mais no céu do que aqui na terra", alguém disse. "Algumas vezes, as crianças são boas demais para este mundo",

> Você já passou por alguma situação que o fez duvidar da bondade de Deus? Em caso positivo, descreva o que aconteceu e como você se sentiu.

disse outra pessoa. O Deus sobre o qual elas falavam era extremamente pobre ou pequeno. Elas queriam e precisavam acreditar que havia um plano divino, mas esse plano retratava uma imagem de um Deus que se importava mais consigo mesmo do que comigo. Fui levado por esses amigos cristãos a acreditar que Deus era cruel, caprichoso e egoísta.

De acordo com seu diário, George Fox (1624-1691), o fundador do movimento quacre, sentou-se à beira de um riacho e sentiu o Espírito Santo sussurrar as seguintes palavras: "Há somente um, o próprio Jesus Cristo, que pode falar sobre sua condição". Acredito que Jesus pode falar sobre nossa condição, e realmente o faz. Minha "condição" era óbvia. Eu e minha esposa éramos seguidores fiéis (embora imperfeitos) de Jesus e deparamos com uma das mais dolorosas experiências de vida: enterrar nossa filha. Tenho aprendido a fazer a mim mesmo a seguinte questão quando é necessário escolher as narrativas certas sobre Deus: "Essa mentalidade a respeito de Deus é coerente com o Deus a quem Jesus revelou?". O que Jesus diria sobre nossa situação? Ele concluiria, como fez meu amigo pastor, que a condição de nossa filha era resultado de nosso pecado?

UMA NARRATIVA ANTIGA: O DEUS IRADO

O pastor que levantou a questão "Quem pecou?" estava agindo com base em uma narrativa que tem vigorado por vários milênios. Praticamente todas as religiões antigas foram construídas sobre uma narrativa que diz que precisamos fazer alguma coisa a fim de obter as bênçãos dos deuses, e, de modo inverso, se desagradarmos os deuses, certamente seremos castigados. A narrativa pode ser resumida como: "Deus é um juiz irado. Se você agir bem, será abençoado; se pecar, será punido".

Essa narrativa não apenas se encontra nas principais religiões primitivas, mas aparentemente também está registrada na Bíblia hebraica.

> Por que o autor acredita que é tão importante que nossa crença sobre Deus seja coerente com a crença de Jesus? Você concorda com ele?

Em Êxodo 20.5, lemos a seguinte advertência a respeito de ídolos: "Não te prostrarás diante deles nem lhes prestarás culto, porque eu, o SENHOR, o teu Deus, sou Deus zeloso, que castigo os filhos pelos pecados de seus pais até a terceira e quarta geração daqueles que me desprezam".

Os rabinos dos dias de Jesus pensavam dessa forma, e essa era a narrativa dominante entre as pessoas ligadas a Jesus. O estudioso bíblico Raymond Brown observa: "Os rabinos falavam de Deus dando aos seres humanos 'punições de amor', isto é, castigos severos que, se uma pessoa suportasse generosamente, trariam vida longa e recompensas".[1]

> "Deus é um juiz irado. Se você agir bem, será abençoado; se pecar, será punido." Você concorda com essa declaração? Por que sim ou por que não?

Embora tenha raízes judaicas antigas, essa narrativa também é sustentada por cristãos modernos. Logo depois da tragédia do Onze de Setembro, dois populares televangelistas cristãos anunciaram que Deus estava punindo os Estados Unidos, e a cidade de Nova York em particular, por sua iniquidade.[2] Aparentemente o Deus de Jesus estava tão cansado de *gays*, lésbicas, *strippers*, apostadores e traficantes de drogas que inspirou um grupo de não cristãos a agir em seu nome e lançar aviões contra prédios.

Essa narrativa é aceita por muito mais pessoas que os extremistas religiosos; *é a narrativa predominante sobre Deus entre os cristãos*. Um estudo conduzido pela Universidade de Baylor

---

[1] BROWN, Raymond. **The Gospel According to John I-XII.** New York: Doubleday, 1966. v. 1. Nota em João 9.2,3.

[2] Jerry Falwell e Pat Robertson assumiram essa posição algumas horas depois dos ataques. Duramente criticados, mais tarde se retrataram.

concluiu que essa é maneira de a maioria dos cristãos conservadores pensar a respeito de Deus. Aproximadamente 37% dos cristãos acreditam que Deus tanto é "um juiz intolerante" quanto está "altamente envolvido nos assuntos humanos".[3] Como Juiz divino, Deus nos observa cuidadosamente, ávido por nos punir mesmo pelas menores infrações.

Devo confessar que por muitos anos acreditei nessa narrativa. Se eu fazia algo especialmente bom — como orar por um longo período ou passar um dia inteiro em serviço comunitário —, ficava pensando: "Que bênção Deus me dará por essa minha boa obra?". Se, por outro lado, eu fazia algo ruim — como mentir para um amigo ou deixar de ir à igreja para jogar golfe —, especulava secretamente quando e como Deus me puniria. Foi só quando me deparei com a doença congênita de minha filha que confrontei essa narrativa. Certamente nossa pequena Maddie não havia pecado e causado aquela terrível doença... E que possível pecado minha esposa ou eu poderíamos ter cometido a ponto de Deus obrigar um indefeso bebê a sofrer daquela forma? Nossa situação me obrigou a analisar profundamente minhas crenças reais sobre Deus. Fui direto ao melhor contador de história que eu poderia achar. Voltei todas as minhas atenções para Jesus.

> Você já quis saber como e quando seria punido por Deus por um pecado particular? Ou você já acreditou que alguma coisa ruim que aconteceu à sua vida estava relacionada a algo que fez para merecê-la? Explique.

---

[3] Financiado pela Fundação Templeton, o Instituto Baylor para Estudos sobre a Religião realizou uma extensa pesquisa sobre as crenças e atitudes religiosas dos americanos. Suas conclusões começaram a ser publicadas na primavera de 2007.

A NARRATIVA DE JESUS

Jesus proclamou corajosamente que seu Pai celestial é bom, bom como nenhum outro: "Há somente um que é bom" (Mateus 19.17). Em todas as suas histórias, Jesus descreve um Deus que parece absolutamente bom e está sempre voltado para nosso bem, ainda que não possamos entendê-lo. E o que dizer sobre a narrativa que diz que Deus castiga as pessoas más? Jesus foi questionado sobre isso em duas ocasiões. A primeira ocorreu quando pediram que explicasse dois eventos terríveis, um causado pela crueldade humana e outro resultante de um desastre natural.

Naquela ocasião, alguns dos que estavam presentes contaram a Jesus que Pilatos misturara o sangue de alguns galileus com os sacrifícios deles. Jesus respondeu:

> "Vocês pensam que esses galileus eram mais pecadores que todos os outros, por terem sofrido dessa maneira? Eu lhes digo que não! Mas se não se arrependerem, todos vocês também perecerão. Ou vocês pensam que aqueles dezoito que morreram, quando caiu sobre eles a torre de Siloé, eram mais culpados do que todos os outros habitantes de Jerusalém? Eu lhes digo que não! Mas se não se arrependerem, todos vocês também perecerão" (Lucas 13.1-5).[4]

Você pode ouvir a narrativa do "Deus castigador" em uma questão: "Eles sofrerão por que eram mais pecadores do que os outros?".

---

[4] As palavras de Jesus não se referem a algum sofrimento físico ou à morte iminente que sobrevirá às pessoas que não se moldarem moralmente. "A morte em perspectiva aqui é espiritual, não física" (RADMACHER, Earl D. [ed.] **Nelson's New Illustrated Bible Commentary.** Nashville: Thomas Nelson, 1999), dando a entender que algo pior que a morte pode acontecer a uma pessoa, ou seja, viver sem Deus.

Jesus inequivocamente responde não. Ele condena esse modo de pensar. Se houvesse alguma correlação entre pecado e punição, Jesus poderia facilmente ter dito sim. Ele não usou a tragédia para explicar como Deus castiga as pessoas, mas para lembrar aos presentes que há um destino pior que a morte.

"MESTRE, QUEM PECOU?"

A segunda ocasião em que Jesus confronta a narrativa do "Deus que pune os pecadores" encerra a questão para mim. Jesus encontra um homem que havia nascido cego, e os discípulos lhe perguntam: " 'Mestre, quem pecou: este homem ou seus pais, para que ele nascesse cego?' Disse Jesus: 'Nem ele nem seus pais pecaram, mas isto aconteceu para que a obra de Deus se manifestasse na vida dele' " (João 9.2,3).

Os rabinos dos dias de Jesus ensinavam que as doenças eram causadas pelos pecados dos pais ou da pessoa que estava sofrendo. Como a cegueira daquele homem era congênita — ele *nascera* cego —, eles presumiram que a deficiência fora causada pelos pais. Mas alguns rabinos ensinavam que uma criança poderia realmente pecar no útero materno; assim, talvez aquele homem fosse realmente culpado.[5] Outros antigos que criam na reencarnação alegavam que algum pecado em uma vida anterior seria a justificativa para

---

[5] O estudioso do Novo Testamento Merrill Tenney observa: "Se uma pessoa sofria alguma doença, isso deveria ser atribuído a algum pecado cometido contra Deus por seus pais ou avós. A isso, acrescentavam a ideia de que talvez o homem tivesse pecado antes de nascer, seja como um embrião, seja em um estado preexistente. Tal conceito aparece nos escritos rabínicos" (TENNEY, Merrill C. e LONGENECKER, Richard N. **John and Acts, the Expositor's Bible Commentary**, v. 9. Grand Rapids: Zondervan, 1981. p. 101).

uma doença congênita. A cegueira, eles acreditavam, devia-se ao fato de que uma pessoa tinha matado sua mãe em uma vida pregressa.⁶

> Quando confrontado com o sofrimento de alguém, você se questiona: "O que essa pessoa fez para merecer isso?". Por que essa reação é tão comum?

Então, como Jesus respondeu? Ele citou Êxodo 20.5 e disse que a cegueira era causada pelos pais do homem? Endossou a posição rabínica de que aquele homem cego talvez tivesse cometido um pecado no útero materno? Ou Jesus se afastou da narrativa judaica típica e disse que o homem cego deveria ter feito algo ruim em uma vida anterior?

Jesus teve uma oportunidade de confirmar a narrativa dominante, mas se recusou a isso. Sua declaração de que "nem ele nem seus pais pecaram" parece a princípio estranha; eu não conheço ninguém que nunca tenha pecado. No entanto, não é isso o que Jesus está querendo dizer com essa declaração; ele está deixando claro que não há correlação entre o pecado de alguém e sua enfermidade. Jesus poderia ter dito: "Sim, é culpa de seus pais. Eles adoraram outros deuses, e meu pai está descontando isso no filho deles". Jesus também poderia ter dito: "É culpa dele mesmo. Quando estava no útero de sua mãe, ele teve alguns pensamentos maus, e assim Deus o fez cego". Deixe-me enfatizar isso novamente: Jesus não disse nada semelhante.

---

⁶ Adam Clarke declara: "A maioria das nações asiáticas acreditava na doutrina da transmigração [...]. E declaram informar precisamente o pecado que a pessoa cometeu em outro corpo pelas aflições que ela enfrentava neste corpo". Outro exemplo é o de uma pessoa que sofre de dores de cabeça, que deve ter "falado com irreverência sobre seu pai ou sua mãe" (CLARKE, Adam. **The New Testament of Our Lord and Saviour Jesus Christ**. Nashville: Abingdon, 1911. v. 1, p. 584).

Além disso tudo, Jesus curou o homem de sua cegueira. As implicações desse ato são enormes. Se Jesus acreditasse que a cegueira do homem era uma punição justa por seus pecados (ou pelos pecados de seus pais), ele se teria afastado. A justiça o exigiria. Em vez disso, Jesus curou o homem cego e assim revelou o poder de Deus. O estudioso do Novo Testamento Merrill Tenney conclui:

> Jesus negou-se a aceitar as alternativas sugeridas pelo questionamento dos discípulos. Ele olhou para o desespero humano não como retribuição por alguma ofensa cometida por seus pais ou pelo próprio homem, mas como uma oportunidade de realizar a obra de Deus. Jesus não considerou a cegueira como um castigo ou como uma questão de acaso irracional; aquela situação era um desafio para manifestar o poder de cura divina na vida do homem.[7]

CHOVE TAMBÉM SOBRE OS JUSTOS

Jesus aboliu claramente a noção de que nós "obtemos aquilo que merecemos".[8] De acordo com ele, Deus não se ocupa em ajustar contas seguindo alguma forma de contabilidade eterna. Em outra passagem, Jesus usa uma frase famosa para mostrar que Deus trata todas as pessoas da mesma forma: "Ele faz raiar o seu sol sobre maus e bons e derrama chuva sobre justos e injustos" (Mateus 5.45).

---

[7] TENNEY e LONGENECKER, **John and Acts**.

[8] O autor faz um trocadilho com a expressão em inglês *What You See Is What You Get (WYSIWYG)*, traduzida por "o que você vê é o que você obtém", e que se refere a ferramentas de computação que permitem visualizar, em tempo real, exatamente algo que será publicado ou impresso. [N. do T.]

Jesus está dizendo uma verdade óbvia: da mesma forma que a luz do sol e a chuva são dadas indistintamente aos santos e aos pecadores, Deus também dá bênçãos a todos, a despeito de seu comportamento. Coisas horríveis acontecem a pessoas maravilhosas. Coisas maravilhosas acontecem a pessoas horríveis. Não podemos olhar o mundo em que vivemos e reunir evidências de que os pecadores são punidos e as pessoas justas são abençoadas. A realidade simplesmente não confirma isso.

NÃO HÁ JUSTIÇA NESTA VIDA

Acho que sei por que a narrativa do "deus-castigador-abençoador" é tão dominante e popular. Nós adoramos controlar. Essa narrativa nos permite viver na ilusão de que podemos controlar nosso mundo, o que é bastante interessante quando levamos em conta nossa existência caótica. Isso, no entanto, é uma espécie de superstição — semelhante a não passar por baixo de uma escada, não quebrar um espelho ou evitar que um gato preto cruze seu caminho. No fundo do coração, sabemos que essas superstições não passam de bobagens, mas isso não nos impede de acreditar nelas.

A crença de que Deus nos castiga e nos abençoa segundo nossas ações não é apenas supersticiosa, como também carece de evidências que a sustentem. Agostinho de Hipona, vivendo no século IV, aponta um problema óbvio. Ele escreveu:

> Não sabemos por que razão o julgamento de Deus torna pobre um homem bom, e rico um homem mau [...]. Nem sabemos por que os maus desfrutam de boa saúde, enquanto o homem de religião se enfraquece em doenças [...]. E mesmo isso não é coerente [...]. Homens bons também têm boa sorte, e homens maus se deparam coma má sorte [...]. Assim, embora não saibamos por qual julgamento essas coisas são executadas ou permitidas por Deus, em quem há a mais sublime virtude,

a mais elevada sabedoria e a mais alta justiça, e em quem não existe fraqueza, nem precipitação, nem injustiça, ainda assim não é nada menos que proveitoso para nós aprendermos a não considerar tão importante a boa ou a má sorte que compartilham as pessoas boas ou as más.[9]

Aprecio muito a honestidade de Agostinho — não sabemos por que Deus permite que essas coisas aconteçam. Ele ainda ressaltou que coisas boas de fato acontecem a pessoas boas, e coisas ruins também acontecem a pessoas más.

Considere a infertilidade, por exemplo. Conheço casais fiéis e admiráveis que não conseguem ter filhos, e isso lhes traz dor e vergonha. Hoje li no jornal local sobre uma mãe que prostituía sua filha menor de idade para conseguir dinheiro para as drogas. Por que essa mulher foi abençoada com a capacidade de gerar filhos, enquanto meus amigos não foram? Devemos concluir que as pessoas boas sempre padecem e que as pessoas más nunca são atingidas pelo sofrimento? É claro que não. As pessoas más também sofrem, e as pessoas boas prosperam. Não existe claramente nenhuma forma de atribuir significado a isso tudo, nenhum sistema que nos explique os porquês.

> Cite algumas das consequências "peculiarmente boas" (caráter, disposição, reputação) que fazem parte da vida daqueles que praticam o bem.

O BEM QUE APENAS OS BONS CONHECEM

Apesar disso, Agostinho continua acreditando que Deus tem "a mais sublime virtude e... a mais elevada sabedoria e... a mais alta justiça", e que Deus não é fraco, nem precipitado nem injusto.

---

[9] AGOSTINHO, citado em WALSH, James e WALSH, P. G. **Divine Providence & Human Suffering.** Wilmington, Del.: Michael Glazier, 1985. p. 95.

O proeminente pensador conclui dizendo que não é "bom" gastar nosso tempo querendo descobrir por que coisas boas ou coisas ruins acontecem. Não vale a pena porque simplesmente não conseguiremos jamais entender. E, mais importante, isso desviará nosso foco das coisas certas. Agostinho finaliza: "Em vez disso, precisamos procurar as coisas boas que caracterizam o homem bom e manter distância das coisas ruins que caracterizam os homens maus".[10]

Devemos concentrar nossa atenção nas "coisas boas que caracterizam o homem bom". O que isso quer dizer? Refere-se às bênçãos que são dadas apenas àqueles que se esforçam em praticar o bem. Essa é de certa forma a única justiça com a qual podemos contar.

Por exemplo, enquanto escrevo estas linhas, estou no Brasil trabalhando com dois colegas pastores. Durante anos, ambos serviram, oraram e ofereceram amor às pessoas no Rio de Janeiro e em Campinas. Embora eu não fale português fluentemente e não consiga entender o que as pessoas estão dizendo a eles, tenho testemunhado o tempo todo dezenas de homens e mulheres que foram abençoados por seus ministérios se aproximarem para abraçá-los e agradecer-lhes. Tanto o rosto do pastor Eduardo (presidente do RENOVARE Brasil) como o do pastor Ricardo transbordam de alegria.

Isso é algo desconhecido para aqueles que agem errado. Os egoístas, vingativos e maus nunca conhecerão o sentimento que esses dois pastores experimentaram. É algo peculiar àqueles que praticam o bem.

De modo oposto, Agostinho diz que devemos também "manter distância das coisas ruins que caracterizam os homens maus".

[10] Ibid.

Os egoístas, os vingativos e os maus estão intimamente familiarizados com a culpa, o isolamento, o remorso e a autodepreciação. Eles sabem o que é estar rodeados de escuridão. Isso não resolve o problema inteiramente, mas nos dá um vislumbre da bondade de Deus. Deus promete que aqueles que amam e servem, e que são honestos e fiéis, conhecerão um tipo de alegria e paz que os maus nunca conhecerão.

AINDA ASSIM, DEUS É JUSTO

Nunca saberemos, nesta vida, por que alguma coisa acontece a qualquer um de nós. Se formos honestos e objetivos, teremos de admitir que não há justiça nesta vida.

Agostinho oferece uma palavra final de sabedoria a respeito do sofrimento. Ele diz que algum dia nós *vamos* entender:

> Quando chegarmos ao Dia do Juízo, não somente os julgamentos passados parecerão ser os mais justos, mas todos os julgamentos de Deus desde o princípio serão da mesma forma evidentemente justos. Então, isso também deixará claro quão justo o julgamento de Deus é em fazer tantos — na verdade, quase todos — de seus julgamentos escaparem à compreensão humana. Aqueles que têm fé nunca falharão em perceber que tais julgamentos ocultos são justos.[11]

> O fato de Deus ter a palavra final em todas as coisas da vida traz a você conforto? Esperança? Frustração? Por quê?

Se Agostinho fosse meu pastor, ele diria: "Não podemos entender essas coisas aqui e agora — elas estão além de nossa compreensão.

---

[11] AGOSTINHO, **City of God** 20.2. Citado em ibid.

Mas acredito que um dia tudo isso ficará claro. Um dia você entenderá completamente por que Deus permitiu que sua filha nascesse com um problema congênito e por que ela morreu tão cedo, e acredito que, quando você entender a razão disso, verá que Deus é não somente justo, mas também muito bom".

JESUS ACREDITA QUANDO EU NÃO CONSIGO ACREDITAR

Quero declarar que não apenas as narrativas de Jesus têm sido um grande auxílio, mas o próprio Jesus tem cuidado de mim em minha tristeza e dúvida. Jesus não somente *explica* o sofrimento; ele próprio *experimentou* o sofrimento. Ele suportou o pior tipo de isolamento possível quando foi levantado na cruz, o sentimento de que seu Pai o tinha abandonado. Quando recebemos a notícia sobre a condição de nossa filha Madeline, eu também me senti abandonado por Deus. Jesus me compreende.

Na carta aos Gálatas, Paulo escreveu esta comovente narrativa: "Fui crucificado com Cristo. Assim, já não sou eu quem vive, mas Cristo vive em mim. A vida que agora vivo no corpo, vivo-a pela fé no filho de Deus, que me amou e se entregou por mim" (Gálatas 2.20).

Se você consultar esse versículo na edição *Almeida Revista e Corrigida* (ARC), perceberá que a expressão "a fé *no* filho de Deus" é traduzida por "a fé *do* Filho de Deus". Esta parece ser uma tradução mais precisa. Então, por que as demais versões não usam essa forma? Acredito que é porque tendemos a enfatizar nossa fé em Jesus e não estamos acostumados a pensar na fé que Jesus tem por nós.

Jesus disse que seu Pai era bom. Jesus também recusou a ideia de que as recompensas e as punições externas são dadas por Deus com base em nossas boas ou más obras. A chuva cai sobre os bons e os maus. Algumas vezes, oramos para que chova (por causa de nossas plantações), e algumas vezes oramos para que a chuva não caia (por causa de nossos piqueniques). No entanto, querendo ou não, tanto os bons quanto os maus recebem a chuva. Jesus enfrentou o sofrimento, a rejeição e o isolamento, e as pessoas zombaram dele na cruz, questionando se Deus realmente o protegia. E Jesus acreditou. Ele acreditou por mim. Ele acredita quando não podemos crer. Ele ora quando não podemos orar. Somos participantes de *sua* fé.

Junto-me a Paulo na declaração de que fui crucificado com Cristo. Não entendo esse mistério, mas sei que Jesus está mais próximo de mim do que estou de mim mesmo. Cristo vive em mim, e eu vivo por sua fé. Não estou sozinho. Isso vai além de simplesmente corrigir minhas narrativas. É permitir que Jesus viva em mim, através de mim e por mim. O amor do Pai, a redenção de Jesus e a comunhão que tenho com o Espírito não estão baseados em alguma coisa que eu faça. É um dom do Espírito Santo acreditar em um Deus que é bom mesmo quando a realidade parece sombria.

A RAZÃO PARA A ESPERANÇA

Alguns anos depois que Madeline morreu, eu estava vivendo um dia de solitude. Minha mente voltou aos últimos anos, relembrando a dor de ouvir a notícia dos médicos, as inúmeras noites maldormidas nos corredores do hospital, e o dia escuro e chuvoso em que devolvemos seu corpo à terra. Voltei-me para Deus e disse sem pensar: "Seria melhor que ela nunca tivesse nascido".

Foi quando experimentei uma das maiores evidências da resposta direta de Deus. Nesse dia, naquele momento, uma voz suave penetrou em minha mente, a voz de uma pequena garota, uma voz que eu nunca tinha ouvido, mas que imediatamente reconheci como a voz de Madeline. "Papai, você nunca deve dizer isso. Se eu nunca tivesse nascido, não estaria aqui agora. Estou tão feliz aqui no céu, e algum dia você e mamãe e Jacob virão e me encontrarão, e nós viveremos juntos para sempre. E muitas coisas boas que aconteceram por minha causa, você não pode ver agora, mas um dia entenderá".

Imediatamente me arrependi por meus pensamentos abomináveis e me prostrei no chão em lágrimas. Eu estava grato por ouvir essas palavras. Outra narrativa havia penetrado em minha mente — a história sobre a promessa do céu. Eu estava começando a perceber como uma pessoa poderia enfrentar a tragédia e ainda dizer "Deus é bom para mim" e dei o primeiro passo para entender como Jó foi capaz de afirmar: "Embora ele me mate, ainda assim esperarei nele" (Jó 13.15) e para compreender como Jesus pôde agonizar em um jardim e ainda ser capaz de chamar seu Pai de "Aba".

Dois anos após a morte de Madeline, Meghan, minha esposa, engravidou. Durante oito meses, vivemos em grande ansiedade, misturada a uma pequena fé. Quando chegou a hora de fazer o ultrassom final, nosso coração saía pela garganta, preparado para más notícias. O técnico do ultrassom, que não conhecia nossa história, continuou dizendo coisas que adoramos ouvir: — Mãos perfeitas... coração perfeito... seu bebê parece perfeito. Você quer saber o sexo?.

Nós respondemos que sim.

— É uma linda menina.

Sorrimos os dois.

— E como vocês irão chamá-la? — ele perguntou.

No mesmo momento, dissemos a uma só voz: — Hope [Esperança].

NESTE MUNDO VOCÊS TERÃO AFLIÇÕES

Já faz uma década desde que Madeline morreu. Muita coisa agora me parece clara com respeito à natureza de Deus. A bondade de Deus não é algo sobre o qual eu possa decidir. Sou um ser humano com entendimento limitado e, conforme cresço e amadureço em meu caminho de fé, cada vez mais percebo quão pequena é minha compreensão. No final, tenho o testemunho de Jesus no qual confiar. Minhas próprias experiências de decepção com Deus dizem mais sobre mim e minhas expectativas do que sobre Deus. A bondade de Deus, agora vejo com maior clareza, é vasta e intensa. Jesus nunca prometeu que nossa vida seria livre de lutas. Na verdade, ele disse exatamente o contrário: "Neste mundo vocês terão aflições; contudo, tenham ânimo! Eu venci o mundo" (João 16.33).

Devemos esperar experimentar o desgosto e a dor, o sofrimento e a perda, porque essas coisas são parte do que significa ser humano e podem ser úteis em nosso desenvolvimento. Como Tiago nos exortou:

> Meus irmãos, considerem motivo de grande alegria o fato de passarem por diversas provações, pois vocês sabem que a prova da sua fé produz perseverança. E a perseverança deve ter ação completa, a fim de que vocês sejam maduros e íntegros, sem lhes faltar coisa alguma (Tiago 1.2-4).

Tenho crescido mais por causa de minhas provações do que por causa de meus sucessos. Eu não peço para passar por aflições e não sou tão profundo no Reino de Deus como Tiago, de modo que não considero as provações "motivo de grande alegria", mas estou aprendendo a confiar em Deus em meio às dificuldades.

Sem dúvida, fui muitas vezes provado nos últimos anos. Não fui chamado para voltar a pregar na igreja do "apelo e resposta", mas não preciso de um púlpito para proclamar que Deus é bom. Tenho certeza de que Deus não castigou minha filha com uma doença congênita por causa dos pecados de minha esposa, dos meus pecados ou dos pecados da pequena Madeline. E sei que Deus é justo. Também me apego à esperança do céu, um lugar onde as injustiças serão corrigidas e onde encontrarei pleno entendimento. Acredito em tudo isso por causa da fé do Filho de Deus que me amou e se entregou por mim. Não importa onde eu esteja, posso dizer com confiança: "Deus é bom para todo o sempre, e para todo o sempre *Deus é bom!*".

TREINAMENTO PARA A ALMA
Silêncio e consciência da criação

O que podemos fazer para ajudar-nos a conhecer e experimentar a bondade de Deus? Que tipo de práticas pode tornar-nos conscientes do Deus que Jesus conhece? Há dois exercícios que nos ajudarão a começar a experimentar a bondade de Deus. O primeiro consiste em desacelerar, ficar quieto e aprender a estar presente no momento presente. O segundo exige nossa atenção à beleza que nos rodeia.

SILÊNCIO

Nosso mundo é barulhento e apressado, e alguns de nós deixamos de permanecer quietos. O Deus que é bom somente pode alcançar-nos quando estamos em silêncio. Parafraseando o salmista, precisamos "aquietar-nos" (Salmos 4.4) para saber que Deus é "bom". Esta semana encorajo você a separar cinco minutos por dia para sentar-se em silêncio. Pegue um cálice ou xícara de alguma coisa morna e saborosa, escolha uma cadeira confortável e apenas sente-se silenciosamente. Isso é tudo. Não é algo muito difícil, mas produz grandes benefícios. Algumas dicas:

- Busque pequenos espaços livres em seu dia, tais como uma parada entre atividades.
- Acorde um pouco mais cedo ou agende seu próximo compromisso para um pouco mais tarde, de modo que, quando você chegar, tenha tempo extra para encontrar um lugar quieto e "apenas ser".
- Muitas pessoas acham que seus pensamentos vão e vêm durante esses períodos de silêncio. Isso é normal. Sua mente é usada para ajudar você a resolver problemas; ela não está acostumada a aquietar-se. Aqui estão duas dicas que ajudarão em meio à luta mental que atormenta a disciplina do silêncio:

1. Mantenha um bloco de anotações próximo para escrever coisas que possam vir à sua mente, tais como um telefonema que você precisa dar ou as roupas que você necessita lavar. Isso ajudará a aquietar sua mente.

2. Você pode fazer um "aquecimento" para os cinco minutos lendo a Bíblia durante um ou dois minutos.

Parece desafiador a princípio, mas com algum esforço você será capaz de fazer isso facilmente todos os dias. Suspeito que em breve você achará esse exercício cada vez mais importante para sua vida cotidiana. Ele ajudará você a desacelerar e a tornar-se presente, mais capaz de focar sua atenção em Deus em meio a todas as suas circunstâncias agitadas. Ele pode levar você a uma prática regular de desenvolver "descansos" que trasformam as ações em sua vida em música suave.

CONSCIÊNCIA DA CRIAÇÃO

Historicamente, importantes teólogos citaram o mundo criado e sua beleza como o primeiro sinal da bondade de Deus.

Paulo disse muito a respeito disso no capítulo de abertura da epístola aos Romanos. A criação fala da bondade e da glória de Deus por meio de cores deslumbrantes e essências inebriantes. O nascer e o pôr do sol são espetáculos magníficos que acontecem duas vezes por dia e raramente são percebidos por pessoas ocupadas demais para olhar. Deus poderia ter criado um mundo feio; de maneira alguma ele foi obrigado a criar um mundo que inspirasse admiração. A beleza tem muito que ver com a ordem. Simplesmente observar uma margarida revela a mente de Deus.

Em seu livro *Experiencing God's Tremendous Love* [Experimentando o tremendo amor de Deus], Maureen Conroy nos aconselha a "tornar-nos profundamente absortos na criação" como uma forma de vivenciar a bondade e o amor de Deus.[1] A autora recomenda o seguinte exercício: faça uma caminhada ao ar livre e preste atenção às imagens, aos sons e às cores da natureza. Se possível, vá a um parque ou a um local que continue relativamente intocado pelos seres humanos. Leve algo no qual possa registrar por escrito suas observações e aja como se você estivesse em missão para investigar uma pequena área, anotando tudo o que observar. Imagine que você esteja tentando comunicar o que vê a alguém que nunca pôde sair porta afora e experimentar a beleza do mundo criado. Observe as cores dos pássaros, a simetria das folhas e os ruídos do vento. Pense em Deus como um grande artista e considere-se um aluno de belas-artes, observando atentamente cada detalhe do trabalho artístico à sua frente.

---

[1] Conroy, Maureen. **Experiencing God's Tremendous Love: Entering into Relational Prayer.** Neptune, N.J.: Upper Room Spiritual Center, 1989. p. 23.

PARA REFLETIR

Quer esteja você estudando este material sozinho quer em companhia de outras pessoas, as questões a seguir podem ajudar você a refletir sobre sua experiência. Em ambos os casos, pode ser uma boa ideia responder a essas questões em seu diário. Se estiver reunido com um grupo, leve seu diário à reunião para ajudar você a recordar suas descobertas à medida que você compartilha suas experiências.

1. Você conseguiu pôr em prática algum dos exercícios desta semana? Em caso positivo, descreva o que fez e como se sentiu.
2. O que você aprendeu sobre Deus ou sobre si mesmo por meio desse exercício?
3. Foi difícil para você separar cinco minutos de silêncio a cada dia?
4. O que lhe chamou a atenção ao observar atentamente o mundo criado à sua volta?

Capítulo 3

Deus é digno de confiança

Quando meu filho, Jacob, tinha 6 anos de idade, eu o levei a um parque de diversões. Havia pouca gente no parque aquele dia, de modo que passamos de um brinquedo a outro sem nenhuma espera. Descobrimos uma atração que eu nunca havia experimentado, mas presumi ser divertida. Afinal de contas, estávamos em um parque de *diversões*! Sentamos em nossos assentos, e um garoto adolescente nos afivelou nas engrenagens. Logo o brinquedo começou a girar e girar, cada vez mais rápido, sacudindo os dois para os lados, para cima e para baixo. Segurei Jacob o mais forte que pude, temendo que ele voasse do seu assento. Com uma sensação de tensão e os dentes cerrados, orei durante os noventa segundos até que a brincadeira terminasse. Examinei Jacob, que estava rindo e se divertindo à beça.

Quando finalmente saímos do brinquedo, vi o nome da atração brilhando em letras vermelhas: O Misturador,[1] algo totalmente apropriado. Jacob disse: — Foi muito divertido; vamos brincar de novo!

---

[1] No original, *The Scrambler*. [N. do T.]

Eu disse não. (O que eu queria mesmo dizer era: "De jeito nenhum! Nunca mais! Eu sou o pior pai do mundo! Por favor, perdoe-me".)

Sentamos em um banquinho do parque, e eu lhe perguntei:
— Você não ficou com medo? Esse brinquedo é muito violento. Por que quis subir nele?

Jacob respondeu com uma honestidade pueril: — Porque você subiu, pai.

Certo ou errado, aquele pequeno ser confiava em mim. Evidentemente eu não era nem sou merecedor de tal confiança. Eu o amo e faria qualquer coisa por meu filho. Nunca o colocaria em uma situação perigosa intencionalmente. Mas sou um ser humano limitado, finito e ignorante. Aos olhos de Jacob, contudo, estar ao lado do pai significava que ele se sentia completamente seguro.

Isso ilustrou para mim por que é tão essencial para nós entender que Deus é digno de confiança. O Deus que Jesus revela nunca faria nada para nos prejudicar. Ele não tem intenções maliciosas ou malignas. Ele é completamente bom. E o fato de Deus ser também onisciente e onipotente torna sua bondade ainda maior. Eu posso confiar em Deus, mesmo quando as coisas ficam feias. Não importaria tanto que Deus fosse onipotente ou onisciente se ele não fosse *todo-bondade*. Se ele não fosse todo-bondade, eu não seria capaz de amá-lo e confiar nele.

> Como você descreveria seu nível de confiança com relação a Deus? Aconteceram coisas que o fizeram duvidar de que Deus é confiável?

FALSAS NARRATIVAS

Nem todo mundo acredita que Deus é digno de confiança. Certa tarde, recebi um telefonema de um jovem que parecia não conseguir respirar. A princípio, pensei que ele tivesse testemunhado ou sofrido um acidente trágico. Eu não era uma pessoa muito próxima; apenas me ouvira falar em uma conferência alguns meses antes e achava que meu ensino era contrário às suas crenças (nossas narrativas colidiam). Ele telefonou porque não conseguia ligar seu carro. Não havia nada de errado com o automóvel; o problema era ele mesmo.

— Dr. Smith, preciso saber se o que você disse sobre Deus é verdade.

— A que você está se referindo especificamente?

— Você disse que Deus é totalmente bom, e amoroso, confiável e preocupado com o nosso bem. Eu escrevi cada palavra que você disse. Tem certeza de que posso confiar em Deus?

— Sim. Tenho certeza disso. Por que a pergunta?

— Nos últimos dias, não tenho conseguido dirigir meu carro.

— Por quê? — perguntei.

— Porque tenho medo de que algum pensamento ruim ou de luxúria possa surgir em minha mente e, no instante seguinte, eu morra em um acidente de carro. Tenho certeza de que Deus me enviará direto para o inferno porque não terei tempo para me arrepender.

Depois que conversamos um pouco, procurei descobrir que tipos de histórias ele tinha ouvido sobre Deus enquanto crescia. Ele me disse que, quando era menino, ouviu seu pastor — um homem que representava Deus e falava em seu nome — implorar que as pessoas, semana após semana, deixassem de pecar antes que fosse tarde demais. E, se elas pecassem, deveriam estar certas de arrepender-se antes que fosse tarde demais. Deus odiava tanto o pecado que enviaria uma pessoa — mesmo um cristão batizado — ao castigo eterno por cometer um único pecado.

Essa narrativa da natureza de Deus que havia preenchido a mente do jovem desde a mais tenra idade estava arruinando sua vida.

Convidei-o a contar toda a sua história.[2] O deus de sua narrativa não era digno de confiança. Confiar em alguém é acreditar que essa pessoa tem em mente seus melhores interesses, que ela o protegerá do mal e que é confiável. Isso não era verdade em relação ao deus ao qual o jovem havia sido exposto. Em vez de inspirar confiança e coragem, seu deus o fazia ter medo de dirigir. Ao relatar essa narrativa, o jovem percebeu que a narrativa que ele havia aceitado não era necessariamente a verdade sobre Deus.

AS NARRATIVAS CENTRAIS DE JESUS

Incentivei aquele jovem a comparar sua narrativa de Deus com o Deus que Jesus conhece. Jesus disse: "Todas as coisas me foram entregues por meu Pai. Ninguém sabe quem é o Filho, a não ser o Pai; e ninguém sabe quem é o Pai, a não ser o Filho e aqueles a quem o Filho o quiser revelar" (Lucas 10.22). Jesus revelou uma soma enorme de informações sobre seu Pai celestial por meio de uma única palavra: Aba.[3]

---

[2] Aqueles no campo da terapia da narrativa se referem a isso como "externalizar uma história", em que uma pessoa é capaz de considerar uma história como separada dela. Ao fazer isso, o indivíduo descobre que uma história tem uma origem e um histórico, uma vida própria. Esse é um passo essencial para desconstruir as falsas narrativas.

[3] *Aba* é uma palavra aramaica. Embora o Novo Testamento seja escrito em grego, o aramaico era a língua comum do povo nos dias de Jesus. Por isso, os estudiosos acreditam que, quando os escritores do Evangelho nos dizem que Jesus se referiu a Deus como *Aba*, estamos ouvindo a palavra exata que ele usou. E como os escritores do Evangelho usaram intencionalmente essa palavra aramaica, embora estivessem escrevendo em grego, é provável que Jesus usasse a palavra a tal ponto que eles não poderiam excluí-la.

Deus como Aba. No jardim do Getsêmani, durante as horas finais antes de sua crucificação, Jesus se dirigiu a Deus usando um único título: Aba. Isso é vital porque a escolha desse título por Jesus revela algo importante sobre a natureza do Deus que ele conhecia. Uma boa tradução de Aba é "Querido Pai".[4] É um termo de intimidade, mas também carrega um senso de obediência. O fato de Jesus ter se dirigido a Deus com a palavra "Aba" nos diz que, para Jesus, Deus não estava distante nem afastado, mas, pelo contrário, intimamente envolvido em sua vida. Isso em si mesmo não significa que Deus é bom (nem as palavras "querido" ou "pai" necessariamente significam "bom"), mas o estudioso do Novo Testamento C. F. D. Moule observa: "A palavra íntima transmite não um tipo casual de familiaridade, porém a mais profunda e genuína reverência".[5]

Jesus usa esse título para dirigir-se a Deus enquanto enfrenta a hora mais difícil de sua vida. Ele ora: "Aba, Pai, tudo te é possível. Afasta de mim este cálice; contudo, não seja o que eu quero, mas sim o que tu queres" (Marcos 14.36). Jesus se vê diante da tortura e da morte. O evangelho de Lucas nos informa que ele estava tão angustiado que seu suor se transformou em gotas de sangue (Lucas 22.44). Entretanto, ele orou: "Não seja feita a minha vontade, mas a tua". Como ele conseguiu falar com Deus dessa maneira em momento tão difícil? A única resposta que posso encontrar é que ele confiava em seu Pai.

> O que o uso que Jesus faz da palavra *Aba* nos revela sobre seu relacionamento com Deus Pai?

---

[4] Thomas Smail diz que C. F. D. Moule e Joachim Jeremias, dois importantes estudiosos do Novo Testamento, "concordam que a melhor tradução para Aba é simplesmente Querido Pai" (**The Forgotten Father**, 1980; reimpressão, Eugene, Ore.: Wipf & Stock, 2001. p. 39).

[5] MOULE, C. F. D. Citado em ibid.

Deus é um Pai bom e amoroso, Jesus nos está dizendo, e ele é tão bom que podemos obedecer-lhe não importa em quê. Mas algumas pessoas podem perguntar: Por que Jesus hesitou? Ele era Deus, afinal de contas! Sim, ele era Deus, mas era também completamente humano. A encarnação (tornar-se humano) implica limitação. Porque era completamente humano, Jesus experimentou tudo o que nós experimentamos, incluindo o medo e a dúvida. Observe, porém, que, mesmo em meio à dúvida, no momento de seu mais profundo sofrimento, Jesus confiava em seu Pai celestial.

Deus como Pai. Jesus não somente se dirigiu a Deus como Aba, mas também como Pai. Essa questão levanta dúvidas para algumas pessoas: Isso significa que Deus é homem? E quanto às pessoas que têm um pai terrestre mau, abusivo ou ausente? E se tiverem dificuldades em dirigir-se a Deus como Pai? E como Deus pode ser um pai para Jesus? Jesus também teve uma mãe?

Ao final de um dia de ensino sobre oração, encerrei o encontro com uma oração que começava assim: "Querido Pai celestial...". Uma mulher procurou-me mais tarde, com os olhos cheios de lágrimas, e disse: "Aprecio tudo o que você nos ensinou hoje sobre oração, mas, quando você começou sua oração chamando Deus de 'Pai', parei de ouvir. Tive um pai terrível e não consigo pensar em Deus como meu Pai". Embora eu me sentisse muito mal pela situação daquela mulher, não creio que deixar de usar a palavra "Pai" seja a solução. O problema é que partimos de nosso entendimento sobre o que ser pai significa e então projetamos isso em Deus.

Não é assim que deveria funcionar. Quando Jesus descreve Deus como seu Pai, devemos deixá-lo *definir o que significa paternidade*. Karl Barth nos ajuda nisso:

Não [...] há em primeiro lugar uma paternidade humana e então uma assim chamada paternidade divina, mas justamente o contrário; a verdadeira e apropriada paternidade reside em Deus, e dessa paternidade se deriva o que nós conhecemos como paternidade entre os homens.[6]

O que Barth quer dizer? A Trindade existia antes que o mundo fosse criado. Muito antes de Deus criar a humanidade "à sua imagem [...] homem e mulher" (Gênesis 1.27), Deus existia como Pai, Filho e Espírito. O relacionamento entre Jesus e Deus foi definido — por Jesus — como aquele entre Pai e Filho. Seu relacionamento existia antes que qualquer homem tivesse descendência. Deus como Pai e Jesus como Filho existiam antes que qualquer pai e filho (ou filha) humano existissem.

Por essa razão, a paternidade é definida primeiro por Deus e Jesus, e não por Adão e seus descendentes. Isso carrega implicações tremendas — e uma grande dose de cura — para nós. Muitas pessoas, como a mulher que mencionei anteriormente, foram profundamente magoadas por seus pais biológicos, o que tornou muito difícil para elas pensar em Deus como Pai. A solução não é abandonar o termo "pai", mas deixar que Jesus o defina. Embora Jesus tenha contado algumas parábolas nas quais há um pai (notadamente, a parábola do filho pródigo), creio que é melhor observar como Jesus orou a seu Pai, para entender que tipo de pessoa seu Pai é.

> Como você responderia a uma pessoa que dissesse: "Tenho dificuldade em chamar Deus de 'Pai' porque meu pai biológico não era uma pessoa boa"?

---

[6] BARTH, Karl. **Dogmatics in Outline**. London: SCM Press, 1949. p. 43. Citado em ibid., p. 58.

NOSSO PAI

Jesus revela a *natureza* do Deus a quem ele ora no *conteúdo* de sua oração. Seus discípulos pediram que Jesus os ensinasse a orar, presumivelmente porque a vida de oração de Jesus era vibrante e apaixonada. Jesus respondeu ao pedido ensinando uma oração que é familiar a muitos de nós:

Vocês, orem assim:

> "Pai nosso, que estás nos céus!
> Santificado seja o teu nome.
> Venha o teu Reino;
> seja feita a tua vontade,
>   assim na terra como no céu.
> Dá-nos hoje o nosso
>   pão de cada dia.
> Perdoa as nossas dívidas,
>   assim como perdoamos
>   aos nossos devedores.
> E não nos deixes cair
>   em tentação,
>   mas livra-nos do mal,
> porque teu é o Reino, o poder e a glória
>   para sempre. Amém" (Mateus 6.9-13).

Jesus nos diz para começar nossa oração dirigindo-nos a Deus como "Pai", o que ele realmente fez, mas observe o seguinte: A *paternidade de Deus é definida pela oração de Jesus.* O que aprendemos com base nessa oração?

Primeiro, aprendemos que Deus está próximo: "Pai nosso, que estás nos céus!". Na cosmologia judaica o(s) céu(s) não se refere(m) a um lugar que está distante; refere(m)-se à atmosfera que os cercava, ao ar que os judeus respiravam.[7] (Você se lembra de que no batismo de Jesus o "céu" se abriu? Veja Mateus 3.16; Marcos 1.10; Lucas 3.21; João 1.32. Não se trata de algo longínquo!) Em resumo, *Deus está presente*.

Segundo, aprendemos que Deus é santo: "santificado seja o teu nome". Santidade tem que ver com pureza. Jesus nos ensina que não há nada ruim em Deus. Deus não pode pecar nem praticar o mal. Em resumo, *Deus é puro*.

Em terceiro lugar, também aprendemos que Deus é o Rei que governa os céus: "Venha o teu Reino; seja feita a tua vontade, assim na terra como no céu". Os reis têm poder sobre os outros, e Deus é "o Rei dos reis". Em resumo, *Deus é poderoso*.

Até aqui, não nos é dito nada que nos leve a acreditar que Deus está buscando nosso bem. As pessoas têm acreditado em muitos deuses que são santos e poderosos, mas que não estão necessariamente preocupados com nosso bem-estar. É nas petições seguintes que descobrimos a natureza misericordiosa do Deus de Jesus.

Quarto, aprendemos que Deus é aquele que cuida de nós: "Dá-nos hoje o nosso pão de cada dia". Nós temos um Deus que faz cair a chuva e brilhar a luz do sol, e provê uma generosa porção de alimento para todas as suas criaturas — até mesmo para os pássaros do céu. Então, aprendemos que *Deus provê*.

Quinto, Deus é aquele que perdoa nossas transgressões. Como observa Richard Foster: "O desejo de doar e de perdoar

---

[7] Na cosmologia judaica, há várias camadas de céu, variando de três a sete camadas. O primeiro nível do céu é a atmosfera ao nosso redor. No batismo de Jesus, no apedrejamento de Estêvão (Atos 7) e na visão de Pedro (Atos 10), os "céus" são abertos, ou, para ser mais acurado, o reino celestial invisível em torno deles se tornou visível e até mesmo audível.

está no coração de Deus".[8] Deus adora perdoar, mais ainda do que nós, que ansiamos ser perdoados. Em resumo, nosso Pai *perdoa*.

Sexto, aprendemos com a Oração do Senhor que Deus nos resgata das provações e maldades — "E não nos deixes cair em tentação, mas livra-nos do mal". Deus está presente e é poderoso porque quer *proteger-nos*. Embora passemos por problemas, acidentes ou tentações, Deus sempre tem a última palavra. Nada pode acontecer conosco que Deus não possa redimir.

O Pai de Jesus é próximo, santo, poderoso, gentil, misericordioso e protetor. Esses atributos proveem imagens fortes de quem é Deus e do que a paternidade significa. E nós agora temos um meio para definir a bondade do Pai. Também temos um meio para avaliar como deve ser a verdadeira paternidade. Um bom pai (ou mãe) deve possuir essas seis características.

Como pai, empenho-me com todas as minhas forças, mas frequentemente falho em refletir cada uma dessas seis características. Acho-me próximo de meus filhos, mas algumas vezes estou distante, preferindo ler o jornal a jogar com eles. E meu trabalho algumas vezes afasta-me de casa por semanas seguidas. Também esforço-me para ser bom e puro, mas algumas vezes falhei miseravelmente, repreendendo-os por infrações sem importância e sendo mesquinho e egoísta. Tento ser forte para meus

> Dos seis aspectos da natureza do Deus Pai (estar presente, ser puro e poderoso, prover, perdoar e proteger) como vistos na Oração do Senhor, qual você mais precisa reconhecer e entender com relação a Deus?

[8] FOSTER, Richard. Celebração da disciplina. O caminho do crescimento espiritual. São Paulo: Vida, 2008. p. 203.

filhos, mas algumas vezes fico assustado e confuso, exatamente como eles. Tenho feito um trabalho decente de prover-lhes recursos, mas algumas vezes fui mais condescendente do que deveria e acabei por mimá-los. Eu os perdoo, mas me surpreendendo trazendo novamente à baila seus erros passados. E tento protegê-los, mas lamentavelmente reconheço que sou incapaz de defendê-los de todos os inimigos à espreita. Meus filhos, minha esposa e a maioria de meus amigos avaliaram-me como um pai decente. Todo Dia dos Pais, meus dois filhos me escrevem cartões e dizem: "Você é o melhor pai do mundo". Mas estou consciente de minhas deficiências e oro para que meus filhos não sofram por causa delas.

Meu ponto aqui é que a paternidade de Deus precisa definir a paternidade humana, e não o inverso. O livreto *Como ser um bom pai*, que mantenho em meu criado-mudo, traz algumas dicas interessantes (como "Brinque com seus filhos" e "Ouça-os"), mas é ainda melhor aproximar-me de meu Pai celestial e permitir-lhe moldar meu coração à sua imagem. O modo pelo qual Deus exerce a paternidade é um precioso ensinamento sobre como ser um bom pai para meus filhos.

A mulher que não conseguia orar a Deus como Pai teve uma infância horrível, marcada por um pai abusivo e distante. Ao projetar sua ideia de pai em Deus, ela vê alguém a quem nunca pôde amar ou confiar. Seria cruel simplesmente dizer-lhe: "Supere isso porque Jesus chamou Deus de Pai e você deve fazer o mesmo". A melhor solução é estimulá-la a deixar Jesus definir o que significa ser *Pai* e, por meio disso, permitir-lhe conhecer o Deus que Jesus conhece. Ao fazer isso, ela poderia encontrar a cura.

O Deus que Jesus revela é um reflexo perfeito não somente do que deve ser a paternidade, mas também a maternidade.

Algumas vezes, pensamos nos pais como provedores fortes e severos, e nas mães, como apoiadoras gentis e submissas. No entanto, na descrição de Jesus a respeito do Pai, vemos um equilíbrio perfeito dessas características. A boa mãe seria aquela próxima, íntegra, forte, generosa, perdoadora e protetora. Na verdade, uma *pessoa* boa, homem ou mulher, casada ou solteira, com ou sem filhos, possui essas características. Jesus é também um reflexo do Pai, de modo que, quando o vemos, vemos Deus Pai. Em Jesus, encontramos o perfeito equilíbrio de todas as características da bondade. Jesus é verdadeiramente gentil, mas também é forte quando necessário.

ENCONTRANDO NOSSO VERDADEIRO PAI

Conheci um pastor inglês cuja história de vida ilustra lindamente o que significa confiar em Deus como nosso Pai. Perguntei a Carl como ele se tornou cristão. Ele disse que durante a infância e adolescência, raramente ia à igreja, porém era muito ligado ao pai. Quando tinha 14 anos de idade, seu pai morreu em um trágico acidente de trabalho, o que destruiu completamente a vida de Carl. Para anestesiar sua dor, ele começou a brigar na escola e logo estava abusando do álcool. Nada, porém, parecia fazer efeito.

Quando Carl completou 17 anos, um amigo o convidou para o que Carl imaginou ser uma festa, uma verdadeira farra de bebida; então, ele concordou. Mas, na verdade, tratava-se de uma "festa caseira cristã", algo comum na Inglaterra e que mais se parece com um retiro espiritual. As pessoas vão a uma casa enorme e passam alguns dias conversando, adorando e se divertindo. Quando Carl descobriu a verdadeira natureza da festa, era tarde demais para voltar atrás. Após os dois primeiros dias, ele ainda se sentia amargo em relação a Deus. No entanto, durante um período de adoração no último dia do encontro, em uma manhã de domingo, ouviu uma voz distinta que disse: "Eu sou seu Pai. Venha a mim". Carl contou que começou imediatamente a chorar, e pela primeira vez, desde a morte de seu pai, seu coração começou a ser curado.

Alguns de nós temos de enfrentar a dor e as dificuldades, e algumas vezes até mesmo a tragédia. À medida que passamos a conhecer o Deus que Jesus conhece e nos aproximamos dele, encontramos novas forças para lutar. Se não conhecemos Deus como nosso Pai, nunca teremos coragem de enfrentar nossos problemas. Mas, à medida que conhecemos o maravilhoso e bom Deus que Jesus conhece, nossas lutas adquirem um significado totalmente novo. Se Deus é realmente bom e deseja o nosso bem, podemos aproximar-nos dele com total sinceridade. Podemos praticar a sinceridade quando oramos — expor nossa alma, confrontar aquelas mágoas que nos fazem duvidar da bondade de Deus e transferir a ele a responsabilidade por nossa cura.

QUAL É O SEU CÁLICE?

Anteriormente, neste capítulo, mencionei como Jesus enfrentou a difícil situação do jardim do Getsêmani. Jesus pediu que Aba afastasse dele o "cálice". O cálice representa as coisas que nos são impostas. Todos nós precisamos perguntar: "Qual é o meu 'cálice'?". Que aspecto de sua vida torna difícil para você confiar em Deus? Você passou por um divórcio doloroso? Sofreu alguma perda? É incapaz de encontrar um parceiro e está lutando com a perspectiva de ficar solteiro o resto da vida? Experimentou a morte de um ente querido? A morte de um sonho? A perda de um negócio? A perda de alguma capacidade física?

> Qual é o seu "cálice"? Como você tem lidado com ele? O que aprendeu sobre Deus ou sobre si mesmo por meio dessa experiência?

Um "cálice" é qualquer coisa que lutamos para aceitar como destino em nossa vida. E nosso cálice geralmente é aquilo que nos torna difícil acreditar que Deus é bom. Ser informados pelos médicos de que nossa filha nasceria com uma doença fatal foi o primeiro de muitos cálices para mim. Como Jesus, enfrentei algo que estava em conflito com meus próprios desejos. Eu queria uma filha saudável. Eu seria capaz de dizer "Aba, Pai" em minhas orações?

Alguns anos mais tarde, li a interpretação de Thomas Smail do que Jesus estava fazendo no jardim do Getsêmani e como ele era capaz de confiar em Deus em meio à sua dor. Isso me ajudou a entender algo importante sobre confiar em Deus e respondeu à questão que as pessoas me faziam o tempo todo: "Jim, como você ainda consegue confiar em Deus depois de tudo o que aconteceu?". Por anos, eu não sabia como responder a essa questão, mas agora sei. Smail explica:

> O Pai a quem Jesus se dirige no jardim é aquele que ele conhecera por toda a sua vida e descobrira ser generoso em sua provisão, confiável em suas promessas e absolutamente fiel em seu amor. Ele pode obedecer à vontade que o envia à cruz com esperança e expectativa, porque é a vontade de Aba, cujo amor tem sido tão provado que agora pode ser plenamente honrado ao ser tão absolutamente obedecido. Não se trata de obediência orientada por mandamentos, mas de resposta confiante a um amor conhecido.[9]

O autor declara com propriedade: nosso relacionamento com o Pai é uma "resposta confiante a um amor conhecido". Jesus sabia que era amado por seu Pai e, por isso, foi capaz de confiar nele em meio à dor. Jesus podia confiar em Deus em sua hora mais

---

[9] SMAIL, **The Forgotten Father**, p. 37.

difícil porque ele tinha vivido muito próximo de seu maravilhoso e bom Pai por toda a vida. Agora vejo como o amor que foi provado pode ser honrado mesmo quando as coisas não fazem sentido. Assim, quando me deparo com um mundo repleto de tsunamis e pedófilos, acidentes de avião e mães viciadas em drogas, não me obrigo a dizer que está tudo bem. Em vez disso, posso dizer: "Jesus confiou em seu Aba, e eu também confiarei no Deus que eu sei que é bom".

UNINDO NOSSA NARRATIVA À NARRATIVA DE DEUS

O dia em que nossa filha morreu chegou inesperadamente. Ela não respondeu bem a uma cirurgia, e seu corpo começou a falhar. Madeline tinha passado por isso antes, mas sempre conseguia recuperar-se. Apesar disso, saí rapidamente de um culto de adoração em direção ao hospital, felizmente acompanhado por meu amigo Paul Hodge, que era pastor na Igreja ortodoxa na América. Quando Madeline finalmente partiu diante de nossos olhos, Paul orou com minha esposa e comigo. De seu livro de oração, ele escolheu uma petição com raízes antigas e profundo ensino teológico. A seguir, temos a oração exata que ele levantou aos céus:

> Nossos pensamentos não são os seus pensamentos, ó Senhor, e nossos caminhos não são os seus caminhos. Confessamos que não conseguimos ver sua mão divina no sofrimento de Madeline. Ajude-nos, nós imploramos, a enxergar que neste mal há algum propósito além de nosso entendimento e compreensão. Nossa mente está confusa. Nosso coração está angustiado. Nossa vontade se perdeu e se enfraqueceu, e nossa força se foi quando vimos esta criatura inocente capturada pelos pecados do mundo e pelo poder do mal, uma vítima de sofrimento e dor sem sentido. Tenha misericórdia desta criança, Senhor, tenha misericórdia!

Não prolongue a agonia! Não permita que a dor e o sofrimento aumentem! Sabemos o que não pedir, ó Senhor; dê-nos apenas a graça de dizer: "Seja feita a tua vontade, assim na terra como no céu". Dê-nos fé, Senhor, para acreditarmos; ajude-nos em nossa incredulidade. Esteja com sua filha Madeline e sofra com ela; cure-a e salve-a, de acordo com seu próprio plano de salvação, firmado antes da criação do mundo. Pois o Senhor é nossa única esperança, ó Deus, e no Senhor buscamos refúgio: Pai, Filho e Espírito Santo, agora e para sempre, pelos séculos dos séculos. Amém.[10]

Meses e até anos mais tarde, tanto Meghan quanto eu nos lembramos claramente dessa oração. Foi um momento de cura para nós, que nos preparou para enfrentar a morte de nossa filha.

Por quê? Essa oração captou nossa história, nossa própria narrativa pessoal (uma mãe, um pai e uma criança doente), e a colocou no contexto de uma história maior, a metanarrativa, que é uma história que o próprio Deus está escrevendo.[11] Ela traduziu em palavras nossa angústia, assim como nossas esperanças. A oração é honesta: não conseguíamos enxergar a "mão divina" de Deus, mas queríamos encontrar um propósito naquilo tudo. É apenas quando

---

[10] A oração foi extraída de um livro intitulado **For the Sick and the Suffering**, HOPKO, Thomas (comp.) trans. David Anderson. Syosset, N.Y.: Orthodox Church in America, 1983. A oração original é chamada de "a Oração para uma Criança em Grande Sofrimento e Dor", p. 31. O agora reverendo Paul Hodge e eu não sabíamos que teríamos de ir ao hospital naquele dia. O fato de ele ter esse livro em mãos na ocasião foi uma das muitas provisões de Deus que experimentamos naquele dia.

[11] Utilizo o termo "metanarrativa" em dois sentidos. Primeiro, para representar uma narrativa maior, a história que Deus está escrevendo. Segundo, o prefixo "meta" significa "mudança" [como em "metamorfose", mudança de forma — N. do T.]; portanto, a metanarrativa é também uma narrativa que leva à mudança.

nosso sofrimento parece sem sentido que nosso espírito é finalmente quebrado. Mas a oração continua. Ela declarava que nós críamos, apesar de nossa incredulidade. Ela situava nosso sofrimento no ambiente adequado: no "próprio plano de salvação [de Deus], firmado antes da criação do mundo". Deus é bom, Deus ainda está no controle, e o Reino de Deus não é um reino de confusão.

Quando unimos nossa história à história de Deus, a história na qual nosso maravilhoso e bom Deus dá a última palavra, tudo começa a fazer sentido. A dor ainda é real, mas torna-se suportável. Podemos então, no tempo oportuno, seguir em frente. E podemos começar a enxergar além do sofrimento e perceber a abundante misericórdia que nos rodeia.

FOCANDO AS BÊNÇÃOS, NÃO APENAS OS CÁLICES

Thomas Smail afirmou que Jesus era capaz de confiar em Deus porque considerava Deus "generoso em sua provisão". Jesus tinha enorme consciência da bondade de Deus porque Deus estivera a seu lado dia após dia, abençoando-o e a tudo o que ele fazia. Por isso, Jesus continuou a confiar em Deus mesmo em seus terríveis momentos finais. A fim de suportar circunstâncias difíceis, precisamos desenvolver um senso claro de que Deus está sempre voltado para o nosso bem. Podemos fazer isso tornando-nos cada vez mais conscientes das bênçãos que nos cercam a cada momento da vida.

George Buttrick (1892-1980) pastoreou a Igreja Presbiteriana da Madison Avenue, na cidade de Nova York, de 1927 a 1954. Ele foi um poderoso pregador, professor e escritor. Seu livro *Prayer* [Oração] é considerado um dos melhores volumes sobre oração já escritos. Certo dia, deparei-me com uma passagem do livro que mudou para sempre minha maneira de enxergar o mundo. Nela, Buttrick conta a história de um homem que usou uma única ilustração para ajudar as pessoas a perceber a bondade de Deus.

O conferencista de um grupo de executivos mostrou uma folha de papel branca com uma mancha. Ele perguntou o que eles estavam vendo. Todos responderam: "Uma mancha". O teste não era justo: induzia à resposta errada. Todavia, existe a ingratidão na natureza humana, que nos faz observar a mancha preta e esquecer a misericórdia que a cerca. Precisamos despertar a mente para as alegrias de nossa caminhada. Talvez devêssemos registrar por escrito as bênçãos do dia. Poderíamos começar, mas nunca terminaríamos: não há canetas ou papéis suficientes no mundo. Perceberíamos nosso "vasto tesouro de conteúdo".[12]

> A ilustração do borrão de George Buttrick tocou de verdade seu coração? Como você poderia começar a mudar sua atenção do lado negativo para o positivo?

Buttrick é claro ao dizer: precisamos "despertar" a mente para as bênçãos que nos rodeiam por todos os lados. Se tivéssemos olhos para enxergá-las, nem todas as canetas e papéis do mundo seriam suficientes para registrá-las por escrito. Buttrick não está defendendo o "pensamento positivo"; ele nos está relatando uma verdade profunda sobre o Universo no qual vivemos.

Certa vez, em uma festa de aniversário, assisti a uma criança abrir os presentes que seus amigos e parentes tinham trazido. Ela desejava especialmente certo presente que não ganhou naquele dia. Enquanto a menina abria pacote por pacote, o presenteador a

---

[12] BUTTRICK, George. **Prayer**. New York: Abingdon-Cokesbury, 1942. Citado em FOSTER, Richard J. e SMITH, James Bryan. Clássicos Devocionais. São **Paulo: Vida, 2009.** p. 126.

acompanhava, com um sorriso de expectativa, apenas para vê-la ao final desprezar o presente e afastar o pacote para o lado. A situação embaraçou todos, especialmente os pais da aniversariante. Foi um impressionante exemplo de ingratidão. A menina recebeu presente após apresente, mas só conseguia pensar no presente desejado. Mais tarde, descobri que o presente que ela tanto queria não era nem precioso nem valioso, mas bastante inferior a muitos dos presentes que havia recebido.

Enquanto eu dirigia de volta para casa, pensava em quão terrível fora aquela experiência, e quão mimada e ingrata era aquela garota. Então, o Espírito sussurrou: "Você se acha muito diferente?". Pensei em quão frequentemente concentro-me em algo que quero que Deus faça por mim e negligencio as 10 mil coisas — frequentemente melhores — que ele já fez. Eu faço tempestade com meus "cálices", pequenos e grandes (não ter dinheiro suficiente para fazer isso ou aquilo, um problema no trabalho, alguma tensão em um relacionamento), e nem uma única vez paro e agradeço a Deus os dois olhos que tenho para enxergar. Se eu perdesse minha visão e dispusesse de 1 milhão de dólares, pagaria alegremente para tê-la de volta. Meus olhos valem 1 milhão de dólares. Assim é meu coração. E meus ouvidos. E minha esposa. E meus filhos. Se eu fosse sábio, todos os dias agradeceria a Deus o "vasto tesouro" que ele me dá. Eu poderia começar, mas nunca conseguiria terminar.

Nossos problemas são reais. Mas são muito pequenos quando do comparados à "misericórdia abundante" de Deus, como disse Buttrick. Quanto mais formos capazes de reconhecer exatamente quantas bênçãos temos recebido — gratuita e imerecidamente —, mais seremos capazes de perceber que Deus está voltado para o nosso bem. E, quando isso acontecer, nosso nível de confiança aumentará.

Meu filho embarcou comigo em uma assustadora atração no parque de diversões, mas, em vez de ficar apavorado, sorriu o tempo todo. Por quê? *Por causa de quem o acompanhava no passeio.* Durante a sua vida inteira, eu tomei conta dele. Eu o alimentei, o vesti, dei banho nele, orei com ele, tomei conta dele quando ele estava doente e provi qualquer coisa de que ele precisasse. Jacob confiava em mim sem hesitação.

Você e eu estamos em uma situação similar. A vida que estamos vivendo às vezes é assustadora, mas oferece também uma boa dose de diversão. A chave é lembrar-nos de quem está conosco. Não há uma única situação que você e eu tenhamos de enfrentar sozinhos. Deus está conosco. Deus está voltado para o nosso bem. Mesmo em meio às mais dolorosas circunstâncias, Deus é capaz de resgatar-nos, porque "sabemos que Deus age em todas as coisas para o bem" (Romanos 8.28) daqueles que confiam nele. O mínimo que podemos fazer é apreciar a diversão!

TREINAMENTO PARA A ALMA
Contando suas bênçãos

Contar suas bênçãos é um poderoso exercício espiritual. Faça uma lista de todas as coisas com as quais Deus o abençoou, de todas as coisas que tornam sua vida maravilhosa. Preste atenção aos detalhes de sua vida. Procure por coisas escondidas. Repare em todas aquelas coisas maravilhosas que você facilmente ignora. Comece pequeno: tente iniciar com uma lista de dez coisas com as quais Deus o tem abençoado. Ela pode incluir itens como seus entes queridos, provisão material ou oportunidades que você tem tido na vida. Também pode incluir elementos da criação: o Sol, as estrelas, as montanhas etc. Ou talvez queira incluir coisas que você aprecia, como café ou sorvete! Finalmente, inclua também as coisas que Deus tem feito por você. Todos os dias, Deus age em nosso favor, embora nem sempre possamos perceber. Este exercício tem por objetivo ajudar você a identificar "a misericórdia abundante" que é tão imensamente maior que o "borrão preto".

Continue aumentando sua lista dia após dia. Empenhe-se em completar uma lista de 50 itens. E vá em frente! Veja se você consegue enumerar 100 bênçãos, coisas pelas quais você é grato nesta semana. Você provavelmente terminará com um "vasto tesouro", para usar as palavras de George Buttrick. A maioria de nós está acostumada a acordar e a pensar nos problemas. Este exercício nos ajudará a transferir nosso foco das poucas coisas que estão erradas para as muitas coisas que são boas e maravilhosas.

Se você tiver dificuldade em começar, apresento a seguir uma lista que comecei a escrever alguns anos atrás, depois de ler um livro chamado *10,000 Things to Praise God For* [Dez mil coisas pelas quais louvar a Deus].[1] Eu amo algumas das coisas elogiáveis citadas no livro e acrescentei algumas de minha própria autoria. Venho realizando este exercício com dezenas de pessoas ao longo dos anos e acrescentando alguns de seus itens dignos de elogio também. A lista omite minha família e meus amigos não porque eu não seja grato por eles, mas porque aprendi a dar graças por isso regularmente. Queria que minha lista fosse uma lembrança para louvar a Deus pelas coisas que frequentemente deixo passar em branco.

A LISTA DE BÊNÇÃOS AVANÇADA DE JIM

A existência de Deus
A presença de Deus comigo
Jesus
A igreja
Um copo de chá gelado em um dia quente
Livros
Cochilos que restauram
O ente querido que finalmente conhece Deus
Sorvete
Curiosidade
O cheiro dos bosques
A poesia
Biscoitos quentes
O oceano
Pessoas que iluminam
A maravilha do sistema imunológico
Café

---

[1] DARGATZ, Jan. **10,000 Things to Praise God For**. Nashville: Thomas Nelson, 1993.

- Tênis
- Cores
- Aromas
- Sonhos — diurnos ou noturnos
- A luz do sol
- A sabedoria dos outros
- Risos
- O sorriso de um estranho
- Meu cachorro balançando a cauda, feliz em me ver
- Música
- Meias limpas
- Os coros de aleluia
- Mentores
- O abraço de uma criança
- Encorajamento
- Pessoas talentosas e humildes
- Ar condicionado
- Artistas
- O cheiro da chuva
- Oração
- A esperança do céu que me espera
- Segundas chances
- Borboletas
- Amigos de longa data
- Pais amando seus filhos
- Natal
- Conversas edificantes
- A Bíblia
- Cientistas que descobrem coisas maravilhosas
- Chocolate
- Como minha mente se abre a novos conhecimentos quando viajo
- O silenciar de falsos rumores
- Os grandes hinos

TORNANDO O LOUVOR UM HÁBITO

Espero que o exercício de preparar uma lista de bênçãos não seja feito uma única vez por você, mas se torne um hábito contínuo e finalmente um estilo de vida. O músico e autor David Crowder escreve:

> Quando o bem é encontrado e nós o abraçamos sem inibição, abraçamos o Doador do bem [...]. Cada segundo é uma oportunidade de louvar. Há uma escolha a ser feita. Uma escolha a cada momento. Esse é o hábito do louvor. Encontrar Deus momento após momento de revelação, no sagrado e no mundano,

no vale e na montanha, no triunfo e na tragédia, e viver irrompendo em louvor por causa disso. É para isso que fomos criados.[2]

Acredito que Crowder está certo. Quando somos gratos por alguma coisa tão ordinária quanto a "curiosidade", estamos oferecendo louvor a Deus. A cada momento único, temos a oportunidade de descobrir algo digno de ser louvado. Quanto mais o fazemos, mais provavelmente essa atitude se tornará um hábito, e, por fim, nos surpreenderemos fazendo isso sem pensar. Nós nos tornaremos, como Agostinho declarou, "uma aleluia da cabeça aos pés".

PARA REFLETIR

Quer esteja estudando este material sozinho quer em companhia de outras pessoas, as questões a seguir podem ajudar você a refletir sobre sua experiência. Em ambos os casos, pode ser uma boa ideia responder a essas questões em seu diário. Se estiver reunido com um grupo, leve seu diário à reunião para ajudar você a recordar suas descobertas à medida que compartilha suas experiências.

1. Você conseguiu preparar uma lista de suas bênçãos nesta semana? Em caso positivo, achou difícil fazer isso? Por quê?
2. O que você aprendeu sobre Deus ou sobre si mesmo por meio desse exercício?
3. Algumas das coisas que você listou o surpreenderam? Por quê?

---

[2] CROWDER, David. **The Praise Habit: Finding God in Sunshine and Sushi**. Colorado Springs: NavPress, 2004. p. 13-14.

Capítulo 4

Deus é generoso

Dallas Willard escreve:

> O processo de formação espiritual em Cristo envolve substituir progressivamente [...] imagens e ideias destrutivas por imagens e ideias que preencheram a mente do próprio Jesus [...]. A formação espiritual em Cristo se move em direção da troca completa de *nossas* ideias e imagens pelas *dele*.[1]

Durante meu primeiro ano na faculdade, espalhou-se pelo *campus* a notícia de que uma mulher pregava sermões de "fogo e enxofre" todos os dias, em uma universidade próxima. Eu era bastante religioso e esperava certo dia tornar-me pastor; então, fiquei intrigado com todo o barulho que aquela mulher estava causando. Os estudantes reuniam-se às centenas para ouvi-la — não porque eram tocados por suas mensagens, mas para zombar dela. Eles a chamavam de "a pequena profetisa", e precisamente

---

[1] WILLARD, Dallas. **Renovation of the Heart**. Colorado Springs: NavPress, 2002. p. 101-102.

às 10h50 todos os dias da semana ela subia em um banco do parque no meio do *campus* e começava a pregar — na verdade, a admoestar — por aproximadamente vinte minutos. A cada semana, a multidão aumentava. Eu precisava ver aquilo.

Cheguei cerca de dez minutos antes de a mulher iniciar a pregação. Grande número de alunos se reunira no pátio próximo à famosa tribuna. Exatamente no horário marcado, a pequena mulher de aparência simples, usando um antiquado vestido branco, sujo — que a fazia parecer ter saído de uma fotografia da década de 1890 —, empertigou-se no banco. Ela se levantou em seu "púlpito", olhou para baixo e, de costas para a multidão, fez o que parecia ser uma oração. No momento em que ela se virou, a multidão começou a aplaudir (ou seria zombar?). Ela levantou as mãos para aquietá-los e então, com uma Bíblia esfarrapada erguida no ar, começou seu sermão (ou seria sua repreensão?).

"Os olhos do Senhor estão sobre todos vocês, pecadores! Não pensem que Deus não vê tudo o que fazem. Ele me trouxe a este *campus* porque está cansado de seus caminhos maus. Ele conhece toda a fornicação, toda a bebedeira, toda a mentira e traição e tem uma palavra para todos vocês, pecadores — todos vocês serão lançados no...". E a multidão gritou junto com ela: "Lago de fogo!". A pregadora não se encorajou nem se distraiu com os estudantes que a provocavam e imitavam; ela prosseguiu sem perder o ânimo. Tornou-se mais específica ao nomear os pecados, e ao final de cada litania todos gritavam junto com ela: "Vocês todos serão lançados no lago de fogo!".

> Com quais "imagens e ideias destrutivas" você tem lutado?

Eu me inclinei sobre o muro de estudantes ao centro para assistir ao desenrolar desse drama surreal. Como cristão, acredito que cada pecado que ela nomeou seja verdadeiramente pecado. Ao contrário dos outros estudantes à minha volta, que com arrogância ridicularizavam tanto a mulher quanto sua mensagem, eu sabia que parte do que ela estava dizendo era verdade. A pequena profetisa tinha uma narrativa clara: Deus está furioso com você por causa de seu pecado, e o seu pecado acabará levando-o a queimar para sempre no inferno. Mas aquela mulher nunca mencionou o amor de Deus. Não havia nenhuma referência à graça de Deus. O nome de Jesus não foi citado nem uma vez nos trinta minutos de sua exortação. Ela pregou contra o pecado, mas apenas no que tange ao castigo que ele acarreta. Não mencionou o dano que ele causa à alma de uma pessoa. Além de uma narrativa incompleta, a mulher acrescentou que nada pode ajudar uma pessoa a mudar, senão a culpa e o medo, que, a meu ver, não são motivações efetivas e duradouras.

Onde aquela mulher encontrou essa narrativa sobre Deus? E o que Jesus diria à pequena profetisa?

NARRATIVA FALSA: OBTENDO FAVOR

Embora a narrativa daquela pregadora fosse extrema, não é incomum. Em geral, não é expressa em linguagem tão feroz, tão preto no branco, ou de maneira tão simplista. Sua narrativa dominante é a do merecimento do favor de Deus, profundamente arraigada em nossa cultura e na cultura de muitas de nossas igrejas. Essa narrativa prega o seguinte: o amor e a perdão são *commodities* trocadas por desempenho. O amor, a aceitação e o perdão de Deus precisam ser merecidos por meio de uma vida correta. O que Deus mais quer é que não pequemos, mas que, em vez disso, pratiquemos o bem. Essa narrativa está enraizada, como estão todas as falsas narrativas, em uma meia verdade.

Sim, é da vontade de Deus que não pequemos e que façamos o bem. Mas isso porque o pecado nos prejudica e os atos de bondade curam tanto quem os pratica quanto os receptores da ação praticada.

A *narrativa cultural do merecimento*. Essa narrativa está arraigada em nosso mundo, no qual o merecimento é o meio pelo qual obtemos coisas. Desde pequenos, aprendemos que o amor de nossos pais depende de nosso bom comportamento; que nossas notas na escola são dadas com base em nosso desempenho acadêmico; que a afeição nos é oferecida com base em nossa atratividade; que a rejeição, a solidão e o isolamento são as consequências do fracasso. Quando todas as pessoas, em todas as situações, de todos os dias de nossa vida nos tratam com base em nossa aparência, nossas ações e nosso desempenho, é difícil não projetar isso em Deus. No entanto, Deus é maior que nossos pais, é mais sensível que nossas figuras de autoridade e enxerga mais de nós que nossos amigos mais próximos são capazes de perceber.

> Como nossa cultura suporta uma narrativa de merecimento? Você sente essa pressão?

Assim, o Deus que vê todas as coisas e sabe todas as coisas está ciente de qualquer coisa ruim que tenhamos pensado ou feito. Se Deus fosse nosso pai, ele reteria seu amor, exatamente como nossos pais faziam quando nos comportávamos mal ("Vá para seu quarto! Hoje você não vai jantar"). Se Deus fosse nosso professor, obteríamos um zero ("Você não se esforçou o bastante"). Se Deus fosse nosso juiz, o veredicto seria "culpado sem apelação". A culpa, o medo, a vergonha e a fome por aceitação tornaram-se um dos principais motivadores em nossa cultura baseada em desempenho.

A (equivocada) narrativa bíblica de merecimento. Não somente nosso mundo e nossa cultura, mas também a própria Bíblia é usada para dar suporte à narrativa de merecer favor. Os israelitas foram punidos e enviados ao exílio por Javé por causa de sua desobediência. A filha ilegítima de Davi morreu, presumivelmente, porque foi concebida em um ato de adultério. Entretanto, há uma narrativa maior que deve guiar nossa compreensão dessas histórias. Os israelitas foram escolhidos por Javé sem nenhuma razão aparente e foram libertos do cativeiro e levados a uma terra de leite e mel, a despeito de não terem feito nada para merecê-la. O adultério e o assassinato de Davi deveriam ter resultado em sua própria morte, mas, em vez disso, ele se tornou um homem "segundo o coração de Deus" (veja Atos 13.22). Davi teve outro filho, Salomão, gerado pela mesma mulher com quem ele havia cometido adultério, e Salomão tornou-se sábio, poderoso e rico. Dizer que o pecado tem consequências é diferente de dizer que, por causa de nosso pecado, Deus nos rejeita inteiramente.

Embora possamos encontrar algumas "narrativas de merecimento" em passagens bíblicas selecionadas, não há cobertura suficiente para uma teologia baseada na culpa e no medo. A narrativa mais ampla da história bíblica é uma imensa tapeçaria de graça e generosidade. Javé curva-se e providencia roupas para os recém-caídos Adão e Eva. Deus escolhe um queixoso e adúltero bando de nômades que frequentemente segue outro deus e, apesar disso, nunca desiste dele. O salmista proclama a mais profunda verdade sobre Javé: o seu amor dura para sempre. A palavra hebraica que traduzimos por "amor" (*hesed*) ocorre 147 vezes em Salmos, sempre para descrever a natureza de Deus. "Deem graças ao Deus dos céus. O seu amor dura para sempre!" (Salmos 136.26).

Já foi dito que todos os musicais podem ser resumidos em uma sequência: "O garoto encontra a garota, o garoto perde a garota, o garoto recupera a garota". E, se você isolasse uma seção, "O garoto perde a garota", tentando explicar a história toda com um único episódio? Seu entendimento seria limitado e distorcido. O mesmo é verdadeiro quando tomamos uma história isolada que nos aborrece (por exemplo, o relato sobre Ananias e Safira em Atos 5.1-11) e ignoramos a narrativa maior. Se tomarmos uma história ou um versículo isolado ("Amei Jacó, mas rejeitei Esaú" [Romanos 9.13]) e tentarmos construir nossa doutrina de Deus sobre ela, seremos acusados de cometer negligência bíblica. Passagens isoladas não devem extrapolar sua posição em relação à narrativa mais ampla. A narrativa dominante da Bíblia é a história da graça imerecida, de um Deus cujo amor não é demovido pela pecaminosidade humana, e de um Cristo que morre pelos pecadores (Romanos 5.8). As narrativas menores são parte da ambiguidade de todas as histórias épicas.

A metanarrativa da Bíblia é a história do amor de Deus que culmina na encarnação, morte e ressurreição de Deus em benefício de um mundo rebelde. Por essa razão, devemos interpretar a Bíblia como um todo, e cada uma de suas partes, à luz de Jesus. Vale destacar que cada vez que Paulo cita a história da Bíblia hebraica, ele a interpreta à luz de Jesus. Paulo não reconta a história de Abraão por si só. Ele incorpora a história de Abraão à história de Jesus. A fé que Abraão tinha é como a fé que temos em Cristo que nos torna justificados à parte da lei (Romanos 4). A queda de Adão não foi a última palavra; o pecado de Adão foi vencido

> Se você se apaixonar mais profundamente por Deus, como isso pode mudar seu comportamento?

pela não pecaminosidade e pelo autossacrifício de Jesus (Romanos 5.12-15). Narrativas menores precisam ser interpretadas à luz da narrativa principal, e a narrativa principal da Bíblia é a graça — o amor imerecido.[2]

As falsas narrativas que ouvimos na igreja. Finalmente, a narrativa de merecimento do favor divino tem atuado de várias maneiras em nossas igrejas. Você pode ouvi-la ser proclamada de muitos púlpitos. Henry Cloud diz que, se você entrar em alguma igreja no domingo, provavelmente ouvirá uma mensagem do tipo: Deus é bom, e você é mau; esforce-se mais.[3] Uma vez que a narrativa de merecimento do favor é tão familiar, e uma vez que a culpa, o medo e a vergonha são ferramentas de manipulação tão simples e efetivas, os pregadores as têm usado na tentativa de afastar as pessoas do fogo do inferno e encaminhá-las às bem-aventuranças celestiais. Citando algumas das menores narrativas da Bíblia, esses sermões são especialmente preparados para levar os ouvintes ao constrangimento.

Liguei a TV certo dia e comecei a zapear os canais. Deparei com um pregador de TV que lia Hebreus 6, uma passagem que eu estava estudando naquela mesma semana. Assim, prontifiquei-me a ouvir sua interpretação do texto. Ele leu a seguinte passagem:

---

[2] Quero deixar bem claro que não acredito no "universalismo", a crença de que todas as pessoas serão salvas e irão para o céu, e de que ninguém será mandado para o inferno. O universalismo não é uma narrativa bíblica, mas uma narrativa construída pelos seres humanos. Jesus falou sobre o inferno, e este fazia claramente parte de sua narrativa.

[3] Henry Cloud declarou isso em sua fala intitulada "Passos de ação para segunda-feira", na Cúpula de Liderança da Comunidade Willow Creek, em 2006.

Ora, para aqueles que uma vez foram iluminados, provaram o dom celestial, tornaram-se participantes do Espírito Santo, experimentaram a bondade da palavra de Deus e os poderes da era que há de vir, e caíram, é impossível que sejam reconduzidos ao arrependimento; pois para si mesmos estão crucificando de novo o Filho de Deus, sujeitando-o à desonra pública (Hebreus 6.4-6).

O pregador tirou os óculos e inclinou-se sobre seu púlpito. A câmera aproximou-se de seu rosto, que estava ficando vermelho. Ele olhou para a câmera e, com uma voz levemente trêmula, perguntou: "Esta passagem descreve você?". O homem fez uma pausa, olhou furiosamente para a câmera e então bradou furiosamente: "Você é um daqueles cristãos que entregaram sua vida a Jesus, que provaram a bondade de Deus e então pisaram o sangue de Jesus com seus pecados?". Nos dez minutos seguintes, ele protestou raivosamente contra os cristãos que pecam. Evidentemente, ele havia deixado de pecar algum tempo atrás. E, ainda mais evidentemente, Jesus e seu Pai ficam realmente furiosos se você pecar depois da conversão.

A interpretação da passagem por aquele pregador está completamente fora de contexto. A principal narrativa da epístola aos Hebreus é sobre a luta de alguns cristãos judeus que não conseguiam aceitar que o sacrifício de Jesus era suficiente para todos os seus pecados.[4] Alguns deles aparentemente continuavam indo ao templo para fazer sacrifícios de animais e participar de rituais

---

[4] Um comentário bíblico observa que "a passagem diz respeito aos verdadeiros crentes em Jesus, que eram judeus, e sob perseguição são tentados a mesclar-se com a religião judaica e seus rituais, dos quais tinham sido libertados em Cristo" (RADMACHER, Earl D. **Nelson's New Illustrated Bible Commentary.** Nashville: Thomas Nelson, 1999).

judaicos a fim de certificar-se de que seus pecados tinham sido perdoados e que continuavam aprovados por Deus. Assim, quando o texto fala daqueles que "caíram" (Hebreus 6.6), não está descrevendo os cobiçosos, nem os beberrões, nem os mentirosos. São os que se esgueiravam pelos corredores do tempo tentando safar-se de sua culpa por meio da oferta de um animal. Eles estavam "crucificando o Filho de Deus" ao negar a efetividade da cruz, como se Jesus tivesse de repetir a crucificação.

Então, como aquele pregador podia interpretar tão equivocamente a passagem? Nossa mente está tão acostumada com a narrativa do merecimento de favor que a vemos mesmo onde ela não existe. Lemos palavras como "caídos" e automaticamente pressupomos que isso deve estar relacionado a nosso pecado.

O pregador de TV continuou a vociferar cada vez mais alto e furiosamente, até que seu discurso tornou-se praticamente febril. Ele apontou o dedo para a câmera e disse: "Se você é uma daquelas pessoas que pensam ser cristãs, mas continuam a pecar, está cuspindo na face de Jesus e não escapará do fogo do inferno que o aguarda". Todos os membros do coro sentado atrás dele olharam nervosamente para baixo, em busca de sua Bíblia e de suas anotações, evitando habilmente a câmera. Fiquei impressionado ao perceber quanto eles pareciam tristes. E fiquei profundamente perturbado ao ouvir um sermão completamente contrário ao ensino de Jesus.

A NARRATIVA DE JESUS: O DEUS GENEROSO

Vou pedir que você faça algo realmente difícil. Eu gostaria que você deixasse de lado tudo o que acredita saber sobre Deus. Sei que isso parece impossível e suponho que seja mesmo. No entanto, procure imaginar que você não sabe nada a respeito de Deus.

Você está prestes a ouvir Jesus contar a história sobre Deus e como ela se relaciona a nós. Simplesmente ouça o que Jesus lhe diz sobre o Deus que ele conhece, sem nenhuma noção preconcebida.[5]

"O Reino dos céus é como um proprietário que saiu de manhã cedo para contratar trabalhadores para a sua vinha. Ele combinou pagar-lhes um denário pelo dia e mandou-os para a sua vinha.

"Por volta das nove horas da manhã, ele saiu e viu outros que estavam desocupados na praça, e lhes disse: 'Vão também trabalhar na vinha, e eu lhes pagarei o que for justo'. E eles foram.

"Saindo outra vez, por volta do meio-dia e das três horas da tarde, fez a mesma coisa. Saindo por volta das cinco horas da tarde, encontrou ainda outros que estavam desocupados e lhes perguntou: 'Por que vocês estiveram aqui desocupados o dia todo?' 'Porque ninguém nos contratou', responderam eles. "Ele lhes disse: 'Vão vocês também trabalhar na vinha'.

"Ao cair da tarde, o dono da vinha disse a seu administrador: 'Chame os trabalhadores e pague-lhes o salário, começando com os últimos contratados e terminando nos primeiros'.

"Vieram os trabalhadores contratados por volta das cinco horas da tarde, e cada um recebeu um denário. Quando vieram os que tinham sido contratados primeiro, esperavam receber mais. Mas cada um deles também recebeu um denário. Quando o receberam, começaram a se queixar do proprietário da vinha, dizendo-lhe: 'Estes homens contratados por último trabalharam apenas uma hora, e o senhor os igualou a nós, que suportamos o peso do trabalho e o calor do dia'.

---

[5] Muitos estudiosos da Bíblia acreditam que o modo mais rápido de entender o ensino de Jesus é estudar e refletir sobre as parábolas, histórias sucintas que revelam muito sobre Deus e seu Reino.

"Mas ele respondeu a um deles: 'Amigo, não estou sendo injusto com você. Você não concordou em trabalhar por um denário? Receba o que é seu e vá. Eu quero dar ao que foi contratado por último o mesmo que lhe dei. Não tenho o direito de fazer o que quero com o meu dinheiro? Ou você está com inveja porque sou *generoso*?' " (Mateus 20.1-15)

Uma parábola sobre a generosidade. Esta é uma história com a qual os ouvintes daquela época deveriam estar familiarizados. Havia bastante desemprego nos dias de Jesus, talvez um número próximo a 2 mil pessoas dentro e em torno de Jerusalém.[6] Todos os dias, homens saíam a campo em busca de trabalho. Caso fracassassem em ser contratados, dirigiam-se ao mercado e conversavam com outros homens, na esperança de ainda conseguir alguma oportunidade.

Na parábola de Jesus, o dono da vinha contrata um grupo de homens logo cedo, por volta das 6 horas da manhã. Esses trabalhadores "madrugadores" concordam em trabalhar pelo salário padrão de um dia. Vendo que há muito trabalho a ser feito e não muito tempo para concluí-lo, o dono da vinha contrata outro grupo, que começa a trabalhar por volta das 9 horas. Ele faz o mesmo mais tarde, lá pelas 3 horas da tarde. E, novamente, às 5 da tarde. Ao final do dia, o dono da vinha acerta as contas com os trabalhadores. Alguns trabalharam durante doze ou treze horas, outros trabalharam durante cinco ou seis horas, e o último grupo começara a trabalhar a apenas uma ou duas horas. Aqui chega a parte surpreendente da história: todos eles recebem indistintamente a mesma quantia de dinheiro — o salário padrão de um dia de trabalho! Isso causa surpresa e parece altamente injusto, de modo que os homens que trabalharam o dia inteiro começam a reclamar. O dono da vinha

---

[6] Isso está de acordo com JOSEFO, **Antiquities of the Jews** 20:219.

retruca: "Amigo, não estou sendo injusto com você. Você não concordou em trabalhar por um denário? Receba o que é seu e vá. Eu quero dar ao que foi contratado por último o mesmo que lhe dei. Não tenho o direito de fazer o que quero com o meu dinheiro? Ou você está com inveja porque sou generoso?".

O estudioso da Bíblia Joachim Jeremias observa que uma parábola similar era ensinada pelos rabinos judeus.[7] No entanto, a parte final da parábola judaica é um pouco diferente. O proprietário da vinha explica que o último grupo de trabalhadores recebeu a mesma quantia por *merecimento* — eles se empenharam mais e alcançaram mais resultados em seu curto tempo de trabalho que o primeiro grupo fez durante todo o dia. A história de Jesus é exatamente oposta. Não tem nada que ver com merecimento, justiça ou reconhecimento. Jeremias conclui:

> Na parábola de Jesus, não havia nenhuma justificativa para que os trabalhadores contratados por último reivindicassem o salário cheio de um dia de trabalho; o que eles receberam se devia inteiramente à bondade de seu empregador. Assim, neste detalhe aparentemente trivial reside a diferença entre dois mundos: o mundo do mérito e o mundo da graça; a Lei contrasta com o Evangelho [...]. Você então murmurará contra a bondade de Deus? Esta é a essência da vindicação do evangelho de Jesus: Olhe para o que Deus é — todo-bondade.[8]

---

[7] JEREMIAS, Joachim. **The Parables of Jesus**. Upper Saddle River, N.J.: Prentice Hall, 1954. p. 138-139. Jeremias observa, contudo, que é difícil saber se a parábola foi contada antes ou depois daquela relatada pelos outros rabinos. Se a versão rabínica vem antes, Jesus usou uma história e acrescentou a ela um final chocante, embora Jeremias duvide dessa versão. Em ambos os casos, o ponto importante a notar é como suas interpretações são diferentes.

[8] Ibid., p. 139.

Se essa fosse a única história que você conhecesse sobre Deus, qual seria sua conclusão? Eu acreditaria que Deus não se comporta de maneira alguma de acordo com o que vejo no mundo à minha volta. Em nosso mundo, a parábola contada pelos rabinos judeus faz sentido. Os últimos trabalhadores empenharam-se mais e receberam o que mereceram. Mas na parábola de Jesus somos fulminados pela absoluta gratuidade de Deus. Os últimos trabalhadores não mereciam o salário de um dia! O Deus revelado por Jesus funciona de modo contrário àquele em que somos programados a acreditar. Brennan Manning descreve isso sucintamente: "Jesus revela um Deus que não exige, mas dá; que não oprime, mas liberta; que não ofende, mas cura; que não condena, mas perdoa".[9]

> Você concorda que Deus é generoso e nos dá livremente? Por que sim ou por que não?

Vivemos em um mundo no qual as pessoas exigem, oprimem, ofendem e condenam. Em nosso mundo, recebemos aquilo que merecemos. Então, projetamos o mesmo em Deus. É fácil pensar em um deus exigente, opressor, ofensivo e condenador, que precisa ser apaziguado. O Deus que Jesus conhece, entretanto, é genuinamente generoso.

GENEROSIDADE E ESCASSEZ

A generosidade ocorre quando uma pessoa está vivendo em uma condição de abundância ou quando se comove diante das necessidades dos outros. Se eu tiver 300 tomates, é fácil para mim doar algumas dúzias. Tenho mais do que necessito. Estou distribuindo meu excedente. O *New American Dictionary Webster* define "generoso" como alguém "livre para dar ou compartilhar,

---

[9] MANNING, Brennan. Palestra proferida na Hilltop Urban Church, em Wichita, no Kansas.

abundante, amplo, farto". Mas eu ainda posso ser generoso mesmo quando tenho pouco a dar. Posso ter apenas um pequeno tomate, mas, se vir uma pobre mulher que não tem nenhum, talvez eu seja profundamente tocado a entregar-lhe meu último tomate. A generosidade flui tanto de uma sensação de abundância quanto de um sentimento de compaixão. Deus é afetado por ambos. Ele é generoso porque vive em uma condição de abundância — suas provisões nunca se esgotam — e ele age por compaixão porque se comove diante de nossa necessidade.

O amor e o perdão, a aceitação e a bondade não são *commodities* que diminuem quando são distribuídas. Quando oferecemos nosso perdão, não reduzimos nosso estoque dessa virtude nem diminuímos nossa capacidade de perdoar. Então, por que é tão raro viver de maneira generosa? Porque vivemos em uma condição de escassez. Nunca recebemos amor suficiente de nossos pais, nem brinquedos suficientes em nosso aniversário, menos ainda aceitação suficiente daqueles que nos conhecem. Nossa conta corrente tem um limite bem definido, e com frequência gastamos nosso dinheiro antes que o tenhamos obtido. Vivemos em uma condição de escassez e aprendemos que precisamos proteger o que temos. Se dermos livremente, poderemos terminar sem recursos.

Sempre me surpreendo com quanto somos pães-duros e pouco generosos no que diz respeito a nossas igrejas. Almocei com um pastor que estava furioso com a possibilidade de uma nova igreja ser construída a apenas alguns quilômetros da sua. Ele disse: "Que audácia! Eles não sabem que esta nova igreja roubará alguns de nossos membros?". Ele raciocinava do ponto de vista de uma condição de escassez. Temia que o sucesso da nova igreja representasse seu próprio fracasso. Era incapaz de ver que o sucesso da nova igreja era também seu sucesso, porque estamos jogando no mesmo time.

A igreja é frequentemente um local carente de generosidade: "Todas as outras igrejas são erradas. Apenas a nossa é certa. Nossa igreja precisa ser bem-sucedida. Que importa que as outras fracassem?".

Nosso Deus, contudo, é sempre generoso. Tudo o que temos é um presente. Fomos criados sem nenhum esforço de nossa parte. Respiramos um ar que não merecemos. O sol se levanta e aquece graciosamente nosso planeta e, junto com a chuva imerecida, alimenta a terra, produzindo frutos e grãos deliciosos. É tudo maná, a provisão imerecida dada por um Deus generoso e amoroso. Nunca estivemos e nunca estaremos em posição de poder virar-nos para Deus e dizer: "O Senhor está em dívida comigo. Eu mereço isto". Nós não merecemos nada que nos tenha sido dado. Apesar disso, Deus continua a dar. E isso não porque Deus está interessado no que podemos fazer por ele. Deus está interessado em algo muito mais importante que nossas boas obras.

> De que maneira você tem experimentado as bênçãos imerecidas concedidas por Deus?

O QUE O DEUS DE JESUS REALMENTE QUER

Nossa reflexão sobre a vida com Deus inevitavelmente nos leva a uma questão crucial: "O que Deus quer de mim?". Quando perguntaram a Jesus qual era o maior dos mandamentos, ele respondeu claramente: "Ame a Deus com todas as suas forças". Se perguntássemos a Jesus: "O que Deus quer de mim?", creio que ele responderia: "Deus quer que você o conheça e o ame". Essa narrativa fala sobre um Deus que é amoroso e misericordioso, cujo desejo é amar e ser amado. Isso, de modo algum, nega o fato de que Deus é inflexível e absolutamente contrário ao pecado.

Deus odeia o pecado porque ele prejudica seus filhos. Mas Deus ama profundamente seus filhos.

O *Catecismo maior de Westminster*, escrito em 1648, começa com uma questão e uma resposta:

> QUESTÃO: Qual é o propósito principal e mais sublime do ser humano?
>
> RESPOSTA: O propósito principal e mais sublime do ser humano é glorificar a Deus e agradar-lhe inteiramente para todo o sempre.

Adoro o conceito de *agradar inteiramente a Deus para todo o sempre*. Você pensa que Deus quer que você o agrade? Embora muitas pessoas não acreditem, acho que isso é o que Deus mais deseja. Juliana de Norwich escreveu certa vez: "A maior honra que podemos dar a Deus é viver alegremente pelo conhecimento de seu amor". Essa declaração espantou-me quando a li pela primeira vez. Essa é maior honra que podemos dar a Deus? Não é morrer por ele no campo missionário? Juliana oferece outra narrativa: "O que Deus mais quer é ver você sorrir por saber quanto ele o ama". Minha narrativa do campo missionário não descreve um Deus que eu amaria naturalmente. A narrativa de Juliana fala sobre um Deus a quem eu não posso ajudar, mas apenas amar. O Deus que Juliana conhecia é um Deus que se deleita em nós.

> Como se sente ao saber que Deus se deleita em você? Por quê?

O DEUS QUE SE DELEITA EM VOCÊ

Uma narrativa bem diferente sobre Deus vem de Kathleen Norris, em sua obra *Amazing Grace* [Graça maravilhosa], na qual relata uma história simples de descobrir Deus na face de uma criança.

Uma manhã, na última primavera, um jovem casal segurava um bebê no colo enquanto aguardava seu voo no portão de embarque do aeroporto. O bebê encarava fixamente as outras pessoas e, logo que reconhecia um rosto humano, independentemente de quem fosse, se jovem ou velho, bonito ou feio, entediado, feliz ou de aparência preocupada, ele respondia com absoluto deleite. Era lindo ver a cena. Nosso insípido portão de embarque se tornou um portão para o céu. E, ao assistir àquele bebê brincar com qualquer adulto que estivesse disposto, senti-me tão impressionado quanto Jacó, porque percebi que essa é a maneira pela qual Deus olha para nós, encarando nosso rosto a fim de deleitar-se em nós, a fim de ver a criatura que ele criou e aprovou chamando-a de "boa", junto com o restante da criação [...]. Suspeito que apenas Deus e crianças muito amadas possam ver as coisas dessa maneira.[10]

E se Deus não estiver bravo com você? E se Deus fosse realmente como a criança nessa narrativa, um Deus que nos responde com "absoluto deleite", independentemente de como nos parecemos ou nos sentimos, ou do que fazemos ou tivermos feito no passado?

A única resposta possível seria sentir "absoluto deleite" em retribuição. Se Deus se deleita em mim — independentemente de meu desempenho —, minha resposta imediata é sentir amor em troca. E, ao fazer isso, estou cumprindo o maior de todos os mandamentos. A narrativa da profetisa de que falamos anteriormente não me leva a amar a Deus; apenas a temê-lo. Usa o medo e a culpa para me fazer mudar, mas não produz mudança genuína. A narrativa de que Deus nos ama e espera ansioso que o amemos em retribuição representa um incentivo genuíno e duradouro para a mudança.

---

[10] NORRIS, Kathleen. **Amazing Grace**. New York: Riverhead Books, 1998. p. 150. Citado em BREEMAN, Peter Van. **The God Who Won't Let Go**. Notre Dame, Ind.: Ave Maria, 2001. p. 23.

Dois dos mais importantes versículos na Bíblia, em minha opinião, são 1João 4.10,11. São versículos que iniciam minha própria transformação pela renovação de minha mente:

> Nisto consiste o amor: não em que nós tenhamos amado a Deus, mas em que ele nos amou e enviou seu Filho como propiciação pelos nossos pecados. Amados, visto que Deus assim nos amou, nós também devemos amar uns aos outros.

Esses versículos tornaram-se o fundamento de minha narrativa dominante sobre Deus. Nosso amor por Deus não determina a atitude de Deus em relação a nós. Deus nos amou primeiro, e vemos isso claramente quando o Filho de Deus ofereceu sua vida a fim de nos reconciliar com Deus. E esse amor impulsiona-me a amar Deus e os outros em retribuição. Deus nos amou primeiro e nunca deixará de nos amar. A principal coisa que Deus quer de nós não é que exibamos um comportamento moral melhorado (que de qualquer modo virá), mas amá-lo porque ele nos amou primeiro.

A COISA MAIS IMPORTANTE SOBRE VOCÊ

A. W. Tozer, grande pastor e escritor devocional norte-americano (1897-1963), escreveu:

> O que vem à nossa mente quando pensamos em Deus é a coisa mais importante sobre nós [...]. Se fôssemos capazes de extrair de qualquer homem uma resposta completa à questão: "O que vem à sua mente quando pensa sobre Deus?", poderíamos predizer com certeza o futuro espiritual desse homem.[11]

Esta é uma declaração audaciosa: a coisa mais importante a respeito de uma pessoa é *o que ela pensa sobre Deus*. Depois de

---

[11] TOZER, A. W. **The Knowledge of the Holy**. San Francisco: Harper & Row, 1961. p. 9.

muito refletir, creio que Tozer está absolutamente certo. Nossos pensamentos sobre Deus determinam não apenas quem somos, mas como vivemos. Conseguimos predizer o "futuro espiritual" de uma pessoa apenas sabendo o que ela pensa sobre Deus.

O que pensamos sobre Deus — como achamos que é Deus — define o tipo de relacionamento que temos com ele. Se pensamos em Deus como exigente e cruel, provavelmente encolheremos de medo e manteremos certa distância de Deus. Se pensamos em Deus como uma força vaga e impessoal no Universo, provavelmente teremos um relacionamento vago e impessoal com ele. Por isso, é crucial que tenhamos os pensamentos certos sobre Deus. Isso determinará tudo o que fizermos. Se tivermos uma visão pequena ou falsa a respeito de Deus, estaremos na verdade cometendo uma forma de idolatria, adorando um falso deus.

> Como suas crenças sobre Deus explicam sua maneira de viver?

O que eu descobri foi o seguinte: quando conheci o Deus a quem Jesus revelou, apaixonei-me completamente por Deus. Quanto mais compreendo a natureza e a obra do Deus trino, mais me fascinam a verdade, a bondade e a beleza do Pai, do Filho e do Espírito Santo. Quero voltar sua atenção para o Deus que Jesus revela. Seu Deus é maravilhoso e bom, amoroso e confiável, autossacrificial e perdoador, poderoso, zeloso e totalmente interessado em nosso bem. Espero que, ao terminar este livro, você esteja apaixonado pelo Deus que Jesus conhece, e que você prossiga inspirado e entusiasmado em viver outro dia com esse bom, maravilhoso e generoso Deus.

TREINAMENTO PARA A ALMA

Orar o salmo 23

O salmo 23 é uma bela expressão do Reino de Deus, em que Deus está conosco, cuidando de nós e nos abençoando, mesmo nas circunstâncias difíceis. O Deus do salmo 23 é generoso. Por causa de sua graciosa provisão, proteção e cuidado, não nos falta nada. Deus nos convida a repousar, a nos refrescar e a sermos restaurados. Deus nos conduz e nos guia, mesmo nas situações mais dolorosas. E, porque Deus está conosco, podemos viver sem medo. Deus até mesmo prepara um "banquete" para nós na presença daqueles que nos prejudicaram.[1] Deus não somente provê às nossas necessidades; ele nos dá mais do que precisamos — nosso cálice transborda. Quando seguimos Deus como nosso

---

[1] A regra da hospitalidade visava a garantir a segurança de um convidado. Se uma pessoa fugisse de seus inimigos, estava segura enquanto jantava com seus anfitriões. Talvez o salmista esteja imaginando uma situação na qual os inimigos de uma pessoa são convidados para o banquete. Duvido que essa seja a interpretação correta, mas, à luz do ensino de Jesus sobre amar, abençoar e orar por nossos inimigos, gosto de imaginar que todos estão incluídos — até aqueles que não merecem estar.

Pastor, vemos a vida inteira — mesmo nossas provações e sofrimentos — como bondade e misericórdia.

Esse salmo é lido praticamente em todo funeral cristão porque traz conforto, especialmente o versículo que fala sobre andar no vale da morte e não temer. Mas esse salmo não é primariamente para funerais; é para a vida cotidiana. Durante sua semana, leve esse salmo com você e recite-o tantas vezes quanto puder.

> O Senhor é o meu pastor; de nada terei falta.
> Em verdes pastagens me faz repousar
> e me conduz a águas tranquilas;
> restaura-me o vigor.
> Guia-me nas veredas da justiça
> por amor do seu nome.
> Mesmo quando eu andar
> por um vale de trevas e morte,
> não temerei perigo algum, pois tu estás comigo;
> a tua vara e o teu cajado me protegem.
> Preparas um banquete para mim
> à vista dos meus inimigos.
> Tu me honras,
> ungindo a minha cabeça com óleo
> e fazendo transbordar o meu cálice.
> Sei que a bondade e a fidelidade
> me acompanharão todos os dias da minha vida,
> e voltarei à casa do Senhor enquanto eu viver (Salmos 23).

Tente recitar o salmo antes de dormir todas as noites e novamente ao acordar. Antes de colocar os pés no chão, procure meditar lentamente em cada palavra. Recite-o tantas vezes nesta semana que se torne como uma segunda natureza para você, tão natural como respirar. Você perceberá que começará a orá-lo nos momentos difíceis.

COMO ESTE EXERCÍCIO PODE AJUDAR A TREINAR MINHA ALMA?

Esse salmo contém uma narrativa sobre um Deus extremamente generoso. Deixando as imagens purificar sua mente, você incorpora essa narrativa verdadeira à sua alma. Sua mente e seu corpo começarão a ser moldados por essas palavras. Ao começar, você provavelmente terá de reconcentrar sua atenção, mas isso logo se tornará uma experiência de oração.

PARA REFLETIR

Quer esteja estudando este material sozinho quer em companhia de outras pessoas, as questões a seguir podem ajudar você a refletir sobre sua experiência. Em ambos os casos, pode ser uma boa ideia responder a essas questões em seu diário. Se estiver reunido com um grupo, leve seu diário à reunião para ajudar você a recordar suas descobertas à medida que compartilha suas experiências.

1. Você conseguiu pôr em prática o exercício esta semana? Em caso positivo, descreva o que fez e como se sentiu.
2. O que você aprendeu sobre Deus ou sobre si mesmo por meio desse exercício?
3. Qual foi o versículo, ou frase, mais significativo do salmo 23 para você?

Capítulo 5

Deus é amor

Certa tarde, meu amigo e pastor Jeff Gannon estava sentado em seu escritório quando o telefone tocou. A jovem ao telefone disse: — Tenho apenas uma pergunta. Posso ir à sua igreja?

Jeff ficou surpreso com a questão. — Se você pode vir à nossa igreja? É claro que pode. Por que achou que precisava perguntar? — ele completou.

— Deixe-me contar minha história antes que você responda — disse ela.

A jovem prosseguiu contando que, no início da faculdade, engravidou de um jovem que não tinha o menor interesse nela ou no bebê que estava carregando. Ela decidiu não fazer aborto e, depois de um exame de consciência, começou a sentir necessidade de pôr sua vida em ordem. Ela voltou à igreja que frequentava quando menina e começou a sentir que estava no caminho certo.

Apenas alguns meses depois de começar a frequentar a igreja, ela pensou que outras jovens poderiam aprender com seus erros; então, perguntou ao pastor se poderia falar às garotas do ensino médio sobre as pressões do namoro e do sexo. O pastor lhe respondeu: — Não, eu nunca permitiria isso. Temo que seu tipo de pessoa possa incomodá-las.

Apesar do sentimento de rejeição, a jovem também se sentia em casa naquela igreja, de modo que continuou frequentando os cultos. Alguns meses depois que seu bebê nasceu, ela chamou o pastor para agendar um domingo no qual pudesse realizar o batismo. O pastor disse: — Isso não acontecerá em minha igreja. Eu nunca batizaria uma criança ilegítima.

— Agora que você conhece minha história — ela disse a Jeff —, ainda posso ir à sua igreja?

NARRATIVA FALSA

Para algumas pessoas, a reação do pastor que rejeitou a jovem parece chocante e insensível (e realmente é), mas, na verdade, reflete uma narrativa dominante entre muitos cristãos (e não cristãos): Deus nos ama apenas quando somos bons.

Muitas pessoas vivem de acordo com a premissa de que o amor de Deus é condicional. Nosso comportamento, elas pressupõem, determina como Deus se sente em relação a nós. Em consequência, o amor de Deus está mudando constantemente. É como se Deus estivesse sentado em uma espécie de cadeira giratória, observando-nos e sorrindo quando mantemos puros nossa mente, nossas mãos e nosso coração, mas, no momento em que pecamos, Deus volta suas costas para nós. A única maneira de fazer Deus voltar-se para nós é retornar a nosso bom comportamento. Eu conheci essa narrativa de

> Você ouviu algo similar à narrativa da cadeira giratória? Por favor, descreva.

primeira mão. A cadeira do deus que criei em minha mente anos atrás girava tanto a ponto de me deixar zonzo.

O MUNDO DA ACEITAÇÃO BASEADA EM DESEMPENHO

Não muito depois de nosso nascimento, descobrimos que o mundo em que vivemos é baseado em desempenho. Nossos pais começam a moldar e formar nosso comportamento desde tenra idade. Algumas das primeiras palavras que aprendemos são "bom" e "mau". Ouvimos coisas como: "Oh, você comeu tudo — *boa* menina" ou "Não rabisque a parede — menino *mau*". Antes mesmo de aprender a falar, tornamo-nos conscientes de que a aceitação tem estreita relação com nosso comportamento, o que desemboca em um mundo decididamente instável em que o amor é altamente condicional.

Como pai, é fácil promover essa narrativa. Fico observando meus filhos e, quando eles fazem alguma coisa certa, sou rápido em elogiar. De modo oposto, quando fazem alguma coisa errada, com certeza são repreendidos. Não importa quanto eu tente evitar, isso acontece. Por um lado, esse modo de agir é realmente necessário porque o trabalho do pai é ensinar o certo e o errado; o difícil é tornar claro para meus filhos que suas ações, e não sua identidade, é que estão sendo avaliadas.

Embora essa narrativa de aceitação baseada em desempenho comece em nosso lar, não é diferente fora de casa. O mundo em que vivemos reforça a aceitação baseada em desempenho. Se vamos bem na escola, somos elogiados; se conseguimos ganhar um jogo, somos admirados; se temos boa aparência, somos reconhecidos. Nossa aceitação, nosso valor e nossa importância — percebemos rapidamente — são baseados em talentos, habilidades e desempenho exteriores.

Uma vez que isso tudo faz parte da maneira pela qual experimentamos o mundo, é natural que projetemos a mesma compreensão em relação a Deus. No entanto, Deus é maior, mais inteligente e mais poderoso que nossos pais, nosso professor e nosso chefe. Deus vê todas as coisas! O que podemos fazer para que Deus nos aprove, nos aceite e nos ame? A resposta, como você poderia esperar, não tem nada que ver com nosso *desempenho religioso*. Se você perguntasse a uma pessoa comum: "O que você precisa fazer para que Deus goste de você e o abençoe?", a resposta seria clara e consistente: "Bem, acho que eu deveria ir à igreja, ler minha Bíblia, doar algum dinheiro, participar de alguns comitês e servir aos necessitados. Oh, e Deus não quer que eu peque — ou pelo menos que peque o mínimo possível".

> A narrativa baseada em desempenho tem feito parte de sua experiência? Você consegue pensar em um exemplo dela em sua vida?

Dessa forma, ao realizar as coisas apresentadas na lista, podemos controlar como Deus se sente em relação a nós, evitando assim o pecado. Isso é *legalismo*, a tentativa de obter o amor de Deus mediante nossas ações, de merecer o favor de Deus ou evitar as maldições divinas por meio de atividades devotas. No final das contas, o legalismo equivale à superstição, algo não muito diferente de fugir de gatos pretos e escadas. Somos atraídos por comportamentos supersticiosos e legalistas porque eles nos dão um senso de controle em um mundo que de outra forma se nos apresenta caótico. No entanto, o favor de Deus não é obtido por aquilo que fazemos, da mesma forma que a boa sorte é encontrada em um pé de coelho.

A aceitação baseada no desempenho (legalismo) é uma narrativa dominante para muitos de nós, a despeito do fato de nos levar a constante incerteza e ansiedade. A boa notícia é que essa não é uma narrativa de Jesus. Na verdade, ele parecia afastá-la constantemente de seu caminho, tanto em palavras quanto em ações, para contar uma história oposta sobre Deus.

> Algumas vezes, você sente que o amor de Deus depende de seu comportamento?

AS NARRATIVAS DE JESUS

Em minha pesquisa das Escrituras, não consegui encontrar uma única passagem na qual Jesus ensine que Deus gosta de nós apenas quando somos bons ou nos envolvemos em atividades consideradas devotas. Em vez disso, ele falava a respeito de um Deus que oferece aceitação incondicional a todas as pessoas. No entanto, antes de analisar suas palavras, vamos analisar suas *ações*.

Um Deus que recebe com prazer os pecadores. Jesus não somente revela o Pai em suas histórias; ele reflete o Pai em seu caráter e ações. A seguinte história do evangelho de Mateus nos diz muito sobre o Pai a quem Jesus revela.

Saindo, Jesus viu um homem chamado Mateus, sentado na coletoria, e disse-lhe: "Siga-me". Mateus levantou-se e o seguiu.

Estando Jesus em casa, foram comer com ele e seus discípulos muitos publicanos e "pecadores". Vendo isso, os fariseus perguntaram aos discípulos dele: "Por que o mestre de vocês come com publicanos e *'pecadores'*?" Ouvindo isso, Jesus disse: "Não são os que têm saúde que precisam de médico, mas sim os doentes. Vão aprender o que significa isto: 'Desejo misericórdia, não sacrifícios'. Pois eu não vim chamar justos, mas pecadores" (Mateus 9.9-13).

Mateus era um coletor de impostos, uma ocupação depreciativa para os judeus. Os coletores de impostos tipicamente se sentavam em postos ao longo da estrada, como as cabinas de cobrança de pedágio, a fim de cobrar impostos do povo judeu para o governo romano. Eles trabalhavam para os "vilões", por assim dizer. Contudo, ainda pior, eram notórios por desviar dinheiro da coleta para o próprio bolso. Eram considerados traidores e trapaceiros — uma combinação pouco agradável.

Nessa passagem, Jesus convida Mateus, um coletor de impostos, a ser um de seus discípulos. Isso é maravilhoso, considerando que, no século I, um rabino era geralmente muito seletivo ao escolher seus discípulos. Ser escolhido por um rabino se revelava um grande e raro privilégio, oferecido apenas àqueles avaliados como especialmente religiosos. A escolha de Jesus é, portanto, absurda e chocante.

Depois de ser escolhido, Mateus convida Jesus a cear com ele em sua casa. Este é um sinal de sua lealdade a Jesus, seu novo rabino.

> Se alguém observasse o tipo de pessoas com as quais você convive, o que elas pensariam a respeito de suas principais narrativas?

Naturalmente, os amigos de Mateus eram coletores de impostos e outros tipos de "pecadores". Jesus come com esses pecadores, o que é um sinal de amor e aceitação. Os fariseus, um grupo de homens estritamente religiosos, havia algum tempo mantinham os olhos em Jesus e, quando o pegaram comendo com pecadores, tiveram certeza de que podiam apresentá-lo como um falso profeta, uma farsa, um charlatão, um hipócrita.[1]

---

[1] Os fariseus com frequência são retratados como os "vilões" nos Evangelhos, mas na verdade eles, como todos nós, apenas estavam vivendo de

Jesus, contudo, explica que ele não veio para os sãos, mas para os que têm saúde; não para os justos, mas para os pecadores. A ironia da história é que os fariseus são justamente tão doentes e pecadores quanto os coletores de impostos; apenas falham em admitir isso. Os coletores de impostos, por sua vez, não têm nenhuma pretensão. Estão acostumados a ser chamados de pecadores. Seu único questionamento é por que eles foram convidados para a festa.

Se Jesus estende a mão para pessoas reconhecidamente canalhas, então o restante de nós tem uma chance. Como Brennan Manning escreve sobre a passagem que estamos analisando:

> Aqui está a revelação que brilha como a estrela da noite: Jesus veio para os pecadores, os errantes como os coletores de impostos e aqueles pegos em situações vexatórias e sonhos fracassados. Ele veio para os executivos, os moradores de rua, as celebridades, os fazendeiros, as prostitutas, os viciados, os agentes da Receita Federal, os portadores de aids e até mesmo os vendedores de carros usados [...]. Essa passagem deve ser lida, relida e memorizada. Cada geração cristã tentou obscurecer o brilhante esplendor de seu significado porque o evangelho parece bom demais para ser verdade.[2]

Por que nós, como Manning observa, tentamos "obscurecer" essa mensagem? Por que ela parece "boa demais para ser verdade"? Porque a narrativa de Jesus de aceitação incondicional se opõe à essência da narrativa baseada em desempenho que está tão

---

acordo com suas narrativas. Eles acreditavam em uma narrativa segundo a qual apenas a estrita observância da Lei mosaica pelo povo de Deus traria o Messias e restauraria Israel.

[2] MANNING, Brennan. The Ragamuffin Gospel. Sisters, Ore.: Multnomah Books, 1990. p. 19-20. [O evangelho maltrapilho. São Paulo: Mundo Cristão, 2005.]

profundamente embutida em nossa vida. Como Deus poderia chegar a ponto de *amar* os pecadores? Ele pode ser capaz de perdoá-los e até mesmo amá-los *se eles prometerem melhorar*. Mas não foi esse o ensinamento de Jesus. Em ações e palavras, ele proclamou que Deus ama os pecadores — como eles são, e não como deveriam ser.

Deus ama os pecadores. No que provavelmente é o trecho mais famoso de toda a Bíblia, Jesus diz:

> "Porque Deus tanto amou o mundo que deu o seu Filho Unigênito, para que todo o que nele crer não pereça, mas tenha a vida eterna. Pois Deus enviou o seu Filho ao mundo, não para condenar o mundo, mas para que este fosse salvo por meio dele" (João 3.16,17).[3]

Essa passagem tem trazido conforto a inúmeras pessoas, e é considerada por muitos um resumo de toda a Bíblia. Jesus explica aqui a razão de sua missão: Deus amou o mundo e quis salvá-lo. Muitas pessoas acreditam que Deus está bravo com elas, mas por alguma razão ainda não as castigou completamente. Essas pessoas ficariam mais à vontade se Jesus tivesse dito: "Porque Deus ficou tão irado com o mundo que fez seu Filho descer à terra para dizer que eles deveriam tomar jeito, e qualquer um que assim agisse alcançaria a vida eterna. Sem dúvida, Deus não enviou seu Filho ao mundo para condená-lo, mas para que o mundo pudesse ser salvo por intermédio das boas obras".

---

[3] Credito esse famoso versículo às palavras reais de Jesus, e não ao escritor do evangelho de João, embora seja difícil saber exatamente quem está falando. Muitas traduções, incluindo a **New American Standard Bible**, apresentam João 3.12-16 em letras vermelhas porque parece provável que, de João 3.10 a 3.21, Jesus é o orador.

Jesus não diz que Deus amou "uns poucos" ou "alguns" ou mesmo "muitos". Ele diz que Deus amou o *mundo*. E o mundo, como nós o conhecemos, está repleto de pecadores. Portanto, Deus precisa amar os pecadores. Jesus não disse: "Porque Deus amou os bons, os justos, os religiosos, ele deu seu Filho". Ele disse que Deus amou o mundo — um mundo que engloba todas as pessoas, até mesmo os pecadores. O apóstolo Paulo ecoa essa visão ao escrever: "Mas Deus demonstra seu amor por nós: Cristo morreu em nosso favor quando ainda éramos pecadores" (Romanos 5.8).

Deus ama, a despeito da condição falida e pecaminosa do amado, e essa é única prova real de amor genuíno. Uma das mais conhecidas parábolas de Jesus é a história de um pai e seus dois filhos, que reverbera nosso desejo profundo de sermos amados incondicionalmente por Deus.

O PAI PRÓDIGO

A parábola do filho pródigo na verdade deveria ser chamada de "a parábola do amor do pai".[4] A palavra "pródigo" significa "imprudentemente extravagante". Nós vinculamos o termo ao filho mais novo, aquele na história que gasta toda a sua herança em uma vida pecaminosa. Mas é o pai que se revela o mais imprudente e extravagante, ao oferecer sua riqueza a um filho ingrato e ao amar generosamente esse mesmo filho quando ele retorna. A história é familiar à maioria dos cristãos, mas quero ressaltar alguns aspectos importantes de uma história que aprofunda o ensino de Jesus sobre seu Pai (veja Lucas 15.11-32).

---

[4] Esse é o título que o estudioso do Novo Testamento Joachim Jeremias sugere em seu livro **The Parables of Jesus**. Upper Saddle River, N.J.: Prentice-Hall, 1954. p. 128.

Já ouvimos essa parábola tantas vezes que suas partes mais comoventes são frequentemente ignoradas. O mais novo dos dois filhos pede ao pai sua herança para que pudesse usá-la à sua maneira. Foi um pedido surpreendente e ao mesmo tempo desrespeitoso, mas, apesar disso, o pai concede a herança ao filho.[5] O filho mais novo gasta então todo o seu dinheiro em uma vida pecaminosa e finalmente chega ao fundo do poço. O único emprego que ele conseguiu encontrar foi o de alimentar os porcos, e, enquanto se alimenta de sua lavagem, ele se cansa daquela situação. Em um momento de reflexão, o filho mais novo conclui que os servos de seu pai estavam melhor que ele; então, decide procurar o pai e confessar seu fracasso, pedindo para ser um de seus servos.

Nesse ponto, a história dá uma reviravolta surpreendente. No que acredito ser um dos mais belos versículos da Bíblia, lemos: "Estando ainda longe, seu pai o viu e, cheio de compaixão, correu para seu filho, e o abraçou e beijou" (Lucas 15.20). Somos informados de que o pai ansiava pelo retorno de seu filho, esperando por ele talvez todos os dias. E, quando vê o filho, o pai fica "cheio de compaixão". Esse não é um mero detalhe; ele nos aponta para o caráter e o coração de Deus. Deus nos olha com compaixão, mesmo quando tivermos feito a ele o pior que possivelmente poderíamos fazer.

No mundo dos dias de Jesus, o pai tinha o direito de conduzir seu filho aos idosos para que o apedrejassem, talvez até a morte. Ninguém questionaria aquele pai se ele tivesse agido assim. A justiça teria sido feita (uma narrativa natural). No entanto, em

---

[5] Ao segundo filho, seria designado apenas um terço da terra, e nessa parábola o jovem não a mantém como um investimento, mas a vende. Ao fazer isso, a família inteira sofreria porque a propriedade seria liquidada. O pai não era obrigado a atender ao pedido do filho, e os ouvintes de Jesus teriam ficado chocados com esse ultrajante ato de desrespeito.

> Você já esteve na posição de amar alguém que o rejeitou? Ou tem sido amado por alguém a quem você mesmo magoou? Descreva.

vez disso, o pai abraça o filho — e o beija, que é um sinal de perdão —, dando-lhe boas--vindas e oferecendo-lhe uma festa. O pai pede a seus servos que deem ao filho uma roupa, um anel e um par de calçados — três sinais da filiação restaurada.[6] Ele tem todos os direitos de filho; sua posição foi restaurada; não houve nenhuma perda. E vale lembrar que aquele filho não merecia nada disso.

Deus, ao que parece, gosta dos pecadores. Mas não de seus pecados. O pai obviamente estava aborrecido com as decisões do filho; ele não endossou a vida extravagante do filho nem fez vista grossa a ela. Qualquer pai decente teria razão em angustiar-se por causa das ações do filho mais novo. Jesus quer, contudo, que entendamos que até mesmo o pior de nossos pecados não impedirá que Deus nos ame nem fará Deus deixar de ansiar por nosso retorno. A parábola é mais sobre um Deus que ama até mesmo aqueles que pecaram contra ele do que sobre um pecador que é salvo.

O IRMÃO MAIS VELHO E EU

Lembre-se de que Jesus conta essa parábola em resposta à crítica de que ele estava ceando com pecadores. Lucas descreve a cena para nós: "Todos os publicanos e 'pecadores' estavam se reunindo para ouvi-lo. Mas os fariseus e os mestres da lei o criticavam: 'Este homem recebe pecadores e come com eles' " (Lucas 15.1,2). Como vimos anteriormente, as ações de Jesus

---

[6] A roupa significa honra, o anel simboliza a autoridade, e os calçados indicam liberdade (escravos não usam sapatos).

eram revolucionárias. Nenhum rabino jamais cearia com pecadores conhecidos, e os fariseus o criticaram abertamente por isso.

Muitos de nós tendemos a concentrar nossa atenção no filho pródigo e no pai, mas a segunda metade da parábola (Lucas 15.25-32) revela o principal objetivo da história contada por Jesus.[7] A parábola não se destinava aos oprimidos e marginalizados, tanto quanto aos justos e devotos que não conseguiam aceitar a mensagem radical sobre o amor incondicional de Deus. O caráter do irmão mais velho representa aqueles de nós que nos irritamos com a ideia de Deus amar os pecadores. O irmão mais velho representa a parte de nós que não está confortável com o amor incondicional de Deus pelos outros ou por nós mesmos.

O filho mais velho está trabalhando no campo quando ouve o ruído de uma festa. Ele se dirige até sua casa e descobre um banquete em honra a seu irmão mais novo. Então, reclama ao pai: "Isso é injusto! Trabalho duro todos os dias e nunca tive uma festa como esta! Este seu filho horrível — eu me recurso a chamá-lo de 'irmão' — quase arruinou nosso patrimônio e o desperdiçou com prostitutas, e o senhor lhe prepara banquete?". O irmão mais velho tinha o direito de estar zangado. Ele nunca desrespeitara o pai. Nunca prejudicara a família financeiramente. Nunca agira egoisticamente. E, apesar disso, o filho mais novo, que tinha feito tudo isso e muito mais, é saudado como um herói.

O pai lembra ao filho mais velho que não há injustiça em suas ações. Ele diz: "Tudo o que tenho é seu". Em outras palavras: "Você tem as mesmas coisas que seu irmão tem". Essa parábola *assemelha-se*

---

[7] Jeremias se refere a essa parábola como uma "parábola apologética", designada a responder àqueles que criticaram Jesus por conviver com pecadores (**The Parables of Jesus**, p. 132).

à dos lavradores na vinha que trabalharam quantidades de tempo diferentes e receberam o mesmo salário. Jesus está atacando o âmago do problema que temos em relação à graça: nós não gostamos dela. A graça parece injusta, mas na realidade é perfeitamente justa. Deus é gracioso para com todos. Vai contra nossa narrativa de aceitação baseada no desempenho.

> Você se sente algumas vezes como o irmão mais velho da parábola, o qual reluta em aceitar o fato de que Deus aceita os outros e até mesmo você?

O ponto crítico é que apenas uma coisa nos separa de Deus, e não é nosso pecado. É nossa autojustificação. Nossa autojustificação não muda a posição de Deus em relação a nós, mas nossa posição em relação a Deus. Não é o meu pecado que me afasta de Deus, mas minha recusa da graça, seja para meu benefício, seja para o benefício dos outros. O pai diz ao filho mais velho que o retorno do irmão mais novo é motivo para celebração e regozijo. Jesus está falando aos fariseus e essencialmente diz: "Ao ver os coletores de impostos, as prostitutas e outros pecadores conhecidos vindo a mim, você deve alegrar-se — eles estavam mortos e agora vivem. Em vez disso, vocês lamentam".

Os fariseus tinham de decidir se aceitariam ou não que Deus aceita de boa vontade os pecadores e precisavam decidir se compartilhariam de sua alegria. Infelizmente, eles se recusaram. Eu sou mais parecido com o irmão mais velho (os fariseus) do que com o filho pródigo. Entretanto, a graça de Deus para com os pecadores não me incomoda; é com a graça de Deus *comigo* que algumas vezes tenho dificuldade. Minha narrativa de merecimento de favor está tão profundamente incorporada em meu modelo teológico que considero difícil acreditar no amor de Deus. Por essa razão, fiquei tão comovido com o poema que descobri num livro empoeirado de uma antiga biblioteca.

A VERDADE SOBRE DEUS

Vários anos atrás, eu estava lendo sobre Simone Weil, uma escritora cujo trabalho eu passara a admirar na época. Seus livros revelam sua mentalidade profunda e sua fé devota. Ela foi educada em uma família judaica, porém mais tarde tornou-se cristã. Seu biógrafo observou que ela se converteu ao ler um poema escrito por um pastor do século XVII chamado George Herbert.[8] O texto é o terceiro poema de Herbert sobre o amor.

Rapidamente fui até a biblioteca e encontrei um livro de poemas de Herbert. Sentei-me para ler o poema, e fui tão tocado que mal consegui falar por alguns momentos. Quanto mais eu lia e refletia sobre aquele texto, mais percebia sua profundidade.

Amor (III)

O Amor me acolheu, mas minha alma retrocedeu,
    culpada de pó e de pecado.
Mas, clarividente, o Amor, vendo-me hesitar
    desde meu primeiro passo,
aproximou-se de mim, com doçura, perguntando-me
    se alguma coisa me faltava.

"Um convidado" — respondi — "digno de estar aqui".
    O Amor disse: "Tu serás o convidado".

---

[8] George Herbert (1593-1633), poeta e orador gaulês, estudou em Cambridge e ocupou diversos cargos políticos antes de tornar-se clérigo da Igreja anglicana. Ele é mais lembrado por seus poemas e hinos, entre eles "Rei da Glória, Rei da Paz". [N. do T.]

"Eu? mau, ingrato? Ah! meu amado,
não posso olhar para ti".
O Amor me tomou pela mão e, sorrindo, respondeu:
"Quem fez esses olhos, senão eu?".
"É verdade, Senhor, mas eu os manchei;
que a minha vergonha vá para onde merece".
"E não sabe", disse o Amor, "quem foi que assumiu a crítica sobre si?".
"Meu Amado, agora servirei".
"É necessário que te sentes", disse o Amor, "e saboreies minha comida".
Então sentei-me e comi.[9]

FIM

Glória a Deus nos céus e paz na terra,
Aos homens de boa vontade.

Uma vez que o poema é um tanto antigo e a linguagem empregada é difícil, eu gostaria de explicar o que o poema significa (pelo menos para mim), em uma tentativa de lançar alguma luz ao leitor.

- *O Amor me acolheu.* De início, Herbert nos fala sobre a natureza de Deus. O poeta concorda com João — Deus é amor (1João 4.8). Ao longo de todo o poema, você poderia substituir a palavra "amor" pela palavra "Deus". O poeta está dizendo: "Deus me acolheu". Deus nos convida a entrar.
- *Mas minha alma retrocedeu.* Mas qual é a resposta da alma? Quando Deus se aproxima — e ele fica realmente próximo —, é natural e até mesmo certo que nos afastemos. Deus é, acima de tudo, santo e justo.
- *Culpada de pó e de pecado.* Herbert nos conta por que nos afastamos; ele diz que não somos nada mais que culpados. Você e eu sabemos

---

[9] Conforme tradução de Benôni Lemos e Patrizia G. E. Collina Bastianetto. In: WEIL, Simone. **Cristo na filosofia contemporânea**. São Paulo: Paulus, 2006, p. 735. [N. do T.]

em nosso coração que fracassamos, que não nos achegamos a Deus incontáveis vezes, e retrocedemos porque somos culpados.

- *Mas, clarividente, o Amor.* Herbert descreve a visão de Deus como "Amor clarividente". Não é maravilhoso? Deus nos vê total e completamente. Ele nos vigia, sim, mas com olhos de amor e compaixão.
- *Vendo-me hesitar desde meu primeiro passo.* Você percebe o movimento? Deus nos convida a entrar, mas nós hesitamos. Deus sabe por quê — porque nos sentimos culpados. Então, o que Deus faz?
- *Aproximou-se de mim.* Deus se aproxima. Ele nos vê hesitar e caminha em nossa direção. Mesmo quando nos enfraquecemos e ficamos para trás, Deus se adianta e se aproxima de nós.
- *Com doçura, perguntando-me.* Deus nos questiona gentilmente. Aqui começa uma espécie de discussão pacífica. Deus se aproxima e nos pergunta. Com minha narrativa de merecer favor em mente, estou certo de que Deus perguntará: "Por que você tem pecado tanto?". Mas as coisas não acontecem dessa forma.
- *Se alguma coisa me faltava.* A primeira questão de Deus não é: "O que você tem a dizer em sua defesa, pecador decaído?", mas: "O que está faltando para você? Você precisa de alguma coisa?".
- *"Um convidado"* — respondi — *"digno de estar aqui"*. Carecemos de nos sentir valiosos. Muitos de nós nos sentimos indignos diante de Deus. O orador está falando a verdade.
- *O Amor disse: "Tu serás o convidado".* O Amor responde a nossas dúvidas sobre nosso valor, dizendo: "Você é digno. É porque eu digo que você é. É por causa de meu amor por você". Agostinho certa vez escreveu: "Ao nos amar, Deus nos torna amáveis". Nosso valor nunca será merecido ou conquistado. Ele nos é dado como um presente, e um presente não pode ser conquistado.
- *"Eu? mau, ingrato? Ah! Meu amado, não posso olhar para ti."* Nós, porém, temos dificuldades em receber presentes. Afinal de contas, o mundo inteiro baseia-se no merecimento, em conquistar qualquer

coisa que tenhamos. Então respondemos: "Quem... eu? Eu, o ingrato, o cruel? O Senhor sabe realmente quanto sou ruim, Deus? Não posso nem mesmo olhar para o Senhor!".

- *O Amor me tomou pela mão e, sorrindo, respondeu: "Quem fez esses olhos, senão eu?"*. Essa é uma imagem assombrosa. Você é capaz de imaginar Deus sorrindo — por alguma coisa? E por você? Muitas pessoas que conheço não conseguem acreditar que Deus se orgulha delas, nem mesmo que Deus as ama. E veja a maravilhosa resposta de Deus: "Quem fez seus olhos — não fui eu?". Alegamos: "Deus, sou indigno de olhar para o Senhor", e Deus replica: "Você não consegue entender que esses olhos, esses olhos que você não pode erguer para mim, fui eu quem os criei!?".

- *"É verdade, Senhor, mas eu os manchei."* "Sim", respondemos. Não podemos argumentar com Deus sobre isso. "Mas [há sempre um 'mas'] eu os contaminei". Herbert está dizendo: "Sim, o Senhor criou meus olhos, ó Deus, mas eu não os usei bem. Tenho olhado coisas que não deveria olhar; contaminei meus olhos por minhas próprias ações".

- *"Que a minha vergonha vá para onde merece"*. Mais uma vez, a pobre alma argumenta: "Deus, o Senhor sabe com quem está falando? Sou uma porcaria. O Senhor deu meus olhos — deu tudo o que tenho — e eu os arruinei. Então, por favor, deixe minha vergonha ir para onde ela merece ir". É nessa parte do poema que a alma clama não por misericórdia, mas por justiça: "Eu não sou digno — dê-me não o que eu quero, mas o que eu mereço".

- *"E não sabe"*, disse o Amor, *"quem foi que assumiu a crítica sobre si?"*. Quando chegamos a essa importante posição, Deus intervém e diz: "Não discordarei. Você realmente falhou. E merece ser castigado por isso. Mas — preste atenção — você não sabe quem arcou com sua responsabilidade?". Deus está dizendo: "Jesus levou a culpa. Meu Filho tomou sua vergonha, e você não a suportará mais".

Precisamos fazer uma pausa aqui por um instante. Algumas vezes, as pessoas falam sobre o amor de Deus como esse cósmico sentimento bom em relação a todas as pessoas, sem nenhuma relação com a justiça, como se o pecado não fosse grande coisa. É por essa razão que muitos não se consideram pecadores. Mas observe uma coisa: Se você é um pecador, por que se sente tão mal? E, se você acredita ser um pecador, então terá de acreditar que é um pecador perdoado. Deus diz: "Seu pecado é real. O castigo é a morte. No entanto, meu Filho, Jesus, assumiu sua culpa. Ele pregou nossos pecados na cruz. Ele é 'o juiz, julgado em seu lugar' ".[10]

- *"Meu Amado, agora servirei"*. Com muita frequência, a mensagem da graça nos faz sentir culpados, em vez de nos deixar alegres e livres. E há muitos pregadores que pregam com esse efeito em mente: "Você não sabe, meu jovem, que Jesus morreu por você — você não se sente culpado por isso?", e a resposta esperada é: "Sim, sim, eu me sinto. Desculpe-me, Senhor. Prometo comportar-me melhor. Tentarei fazer o melhor — eu prometo! Até morrerei no campo missionário em seu nome. Basta me dar uma ordem, e eu a cumprirei. Estou em débito com o Senhor, Deus".

- *"É necessário que te sentes"*, disse o Amor, *"e saboreies minha comida"*. Em resposta Deus diz: "Sente-se. Descanse aqui. Comemore comigo. Fique ao meu lado. Deleite-se em minha presença e deixe-me servi-lo primeiro. Não preciso que você me sirva. Não preciso de você para nada. Eu o criei porque o amo e o que realmente quero é estar com você. Meu desejo mais profundo não é que você fique tentando servir-me, mas que me permita amá-lo".

O que você acha que Deus mais quer de você?

---

[10] A expressão foi popularizada por Karl Barth em sua obra **Church Dogmatics** 4.1.

- *Então, sentei-me e comi.* É isso o que Deus deseja mais que tudo. Ele quer servir-nos, ver-nos festejar e regozijar-nos em sua bondade. Algum dia, nós serviremos aos outros, mas apenas como uma resposta ao amor de Deus, não motivados por culpa.

George Herbert foi um político brilhante que abandonou tudo para ser pastor de uma pequena igreja. Ele escreveu muitos poemas, mas nunca imaginou que eles seriam lidos, muito menos publicados. Em seu leito de morte, contou a um amigo íntimo que ele havia escrito uma série de poemas e disse: "Por favor, leia esses poemas e, se você achar que podem ser úteis, faça com eles o que quiser".

Os poemas de Herbert foram publicados após sua morte. Suas modestas palavras me assombram: "Se você achar que eles podem ser úteis...". Agradeço a Deus pelo fato de o amigo de Herbert ter sabiamente percebido que aqueles poemas poderiam ser de fato úteis. E sei que Simone Weil sentiu a mesma coisa.

O LEGALISMO LIMITA; O AMOR CONSTRANGE

Este capítulo iniciou com a história de uma jovem que engravidou fora do casamento e foi rejeitada por seu pastor quando se dispôs a ajudar outras mulheres do grupo jovem da igreja. O pastor também se recusou a batizar seu bebê. A jovem terminou em outra igreja, e sua filha foi batizada não muito tempo depois. Ela conseguiu realizar um trabalho com jovens, terminou sua graduação e, por fim, partiu para o campo missionário. Hoje ela e sua filha vivem e trabalham como missionárias na África.

TREINAMENTO PARA A ALMA
A lectio divina

O exercício espiritual para esta semana é chamado *lectio divina*, uma expressão latina que significa literalmente "leitura divina". É um método de leitura da Bíblia que envolve "ouvir com o coração". Essa antiga prática remonta à tradição hebraica do *Shema*, a qual envolvia ler passagens selecionadas da Bíblia hebraica com determinadas pausas específicas e ênfase em algumas palavras.[1] A *lectio divina* era praticada de modo comunitário pelos cristãos da igreja primitiva e mais tarde foi ensinada pelos pais e mães do deserto com ênfase na devoção individual.

Na *lectio divina*, escolhemos uma passagem bíblica — geralmente não mais que alguns versículos — e a lemos várias vezes, lentamente, refletindo sobre cada palavra e cada frase, prestando atenção ao impacto do texto em nosso coração. Desse modo, estamos "orando as Escrituras". É bem diferente de estudar as

---

[1] As passagens selecionadas eram Deuteronômio 6.4-9, 11.13-21 e Números 15.37-41. Isso é explicado em *"Lectio Divina"*, no **The Upper Room Dictionary of Christian Spiritual Formation**, ed. Keith Beasley--Topliffe. Nashville: Upper Room Books, 2003. p. 167.

Escrituras, quando lemos um texto tentando entender seu significado. Na *lectio divina*, é a passagem bíblica que "nos estuda".

COMO PÔR EM PRÁTICA A *LECTIO DIVINA*

1. Primeiro, escolha uma passagem bíblica. Para este exercício específico, selecionei 1Coríntios 13.4-8.

    O amor é paciente, o amor é bondoso. Não inveja, não se vangloria, não se orgulha. Não maltrata, não procura seus interesses, não se ira facilmente, não guarda rancor. O amor não se alegra com a injustiça, mas se alegra com a verdade. Tudo sofre, tudo crê, tudo espera, tudo suporta. O amor nunca perece (1Coríntios 13.4-8).

2. Passe um minuto ou dois apenas relaxando e respirando profundamente.

3. *Primeira leitura.* Leia a passagem inteira uma vez lentamente. Faça pausas a cada seção (por exemplo: "O amor é paciente", [pausa] "O amor é bondoso" [pausa]...). Após terminar essa primeira leitura, permaneça em silêncio por um ou dois minutos.

4. *Segunda leitura.* Leia o texto lentamente mais uma vez, fazendo pausas entre as frases. Dessa vez, porém, faça uma pausa ainda maior e preste atenção se alguma das palavras ou frases chama mais atenção, ou parecem destacar-se de alguma maneira. Faça uma anotação mental dessas palavras. Quando terminar a segunda leitura, registre essas palavras ou frases especiais.

5. *Terceira leitura.* Releia a passagem até a palavra ou frase que o tocou de alguma forma. Quando você chegar a essa palavra ou frase, pare e repita-a algumas vezes.

6. *Reflexão.* Reflita por algum tempo na frase que tocou você. Repita-a algumas vezes mais. Deixe que as palavras interajam com seus pensamentos, suas memórias ou outras passagens bíblicas que vierem à sua mente. Permita que isso toque seu coração, seus desejos

e seus medos. Comece a perguntar-se: "O que Deus poderia querer dizer a mim especificamente?".

7. *Oração.* Transforme a última questão em uma oração, perguntando a Deus: "Que palavra o Senhor tem para mim nesta passagem, Deus? Há alguma coisa que o Senhor gostaria de me dizer hoje?". Aguce sua atenção. Escreva qualquer coisa que sinta que Deus possa estar falando a você.

8. *Repouso.* Permaneça quieto e em silêncio por algum tempo. Deleite-se em estar na presença de Deus. Nesse passo, você deixa de fazer para ser. Simplesmente seja por um tempo determinado.

9. *Resposta.* Pergunte a si mesmo e a Deus: "A que estou sendo chamado em consequência da Palavra que me foi dada?". Talvez você se sinta desafiado a amar Deus ainda mais, ou a aceitar algum aspecto de quem você é, ou a servir alguém que você conhece, ou a começar a mudar algum aspecto de seu caráter. Seja lá o que for, registre isso por escrito. "Hoje Deus está me chamando a ser uma pessoa mais paciente. Esteja comigo, ó Deus, e ensina-me a agir dessa maneira". Agradeça a Deus pela palavra e pelo chamado que você recebeu.

* Leia a seção seguinte apenas depois de completar o exercício.

CONECTANDO-SE À NARRATIVA DE JESUS

A *lectio divina* é uma atividade extremamente pessoal, de modo que não posso, nem devo, predizer exatamente o que você experimentará. Imagino que Deus tenha uma palavra específica e exclusiva para você. Entretanto, a passagem que escolhi aqui fala especificamente sobre o amor. O trecho de 1Coríntios 13.4-8 é bastante conhecido porque é lido em muitas cerimônias de casamento. O contexto da passagem não é sobre o amor entre o marido e a esposa (embora ajuste-se bem a ele!), mas, em vez disso, Paulo escreve sobre como viver na comunidade cristã. O ponto central é que o amor está no centro de nossa vida comum. Em outra passagem, lemos que devemos amar uns aos outros como Deus nos ama (1João 4.11).

Também lemos que "Deus é amor" (1João 4.8). Assim como o poema de Herbert, é possível substituir a palavra "amor" por "Deus" na passagem de 1Coríntios:

> Deus é paciente, Deus é bondoso. Não inveja, não se vangloria, não se orgulha. Não maltrata, não procura seus interesses, não se ira facilmente, não guarda rancor. Deus não se alegra com a injustiça, mas se alegra com a verdade. Tudo sofre, tudo crê, tudo espera, tudo suporta. Deus nunca perece.

Você poderá querer ler essa passagem algumas vezes durante esta semana. Eu disse anteriormente neste capítulo que Deus é amor, mas com frequência nós não sabemos o que isso significa. A passagem de 1Coríntios 13 explica o que é o verdadeiro amor.

EXERCÍCIO COMPLEMENTAR: REFLETINDO SOBRE O POEMA

Se a questão do amor incondicional de Deus é algo difícil para você, aconselho-o a voltar ao poema de Herbert e refletir um pouco mais. Leia o poema lentamente mais uma vez e pense em algumas das imagens que Herbert oferece (por exemplo, "amor clarividente"), tentando imaginá-las com os olhos de sua mente.

PARA REFLETIR

Quer esteja estudando este material sozinho quer em companhia de outras pessoas, as questões a seguir podem ajudar você a refletir sobre sua experiência. Em ambos os casos, pode ser uma boa ideia responder a essas questões em seu diário. Se estiver reunido com um grupo, leve seu diário à reunião para ajudar você a recordar suas descobertas à medida que compartilha suas experiências.

1. Você conseguiu realizar o exercício da *lectio divina*? Em caso positivo, descreva o que fez e como se sentiu.
2. O que você aprendeu sobre Deus ou sobre si mesmo por meio desse exercício?
3. Qual sua parte favorita no poema "Amor (III)"? Explique por quê.

Capítulo 6

Deus é santo

Eu estava pregando em uma igreja cinco anos depois de ter pregado ali pela primeira vez. Como possuía um repertório limitado, explorei uma mensagem parecida com a que eu havia pregado anteriormente. Eu esperava que com o passar dos anos a congregação tivesse sofrido uma espécie de amnésia leve. Relatei à igreja alguns dos conceitos que você já leu neste livro: Deus ama você incondicionalmente; Jesus morreu por todos os nossos pecados Deus se reconciliou com você; e em Cristo você é nova criatura. Após o culto, um homem alto e forte caminhou até onde eu estava, olhou diretamente em meus olhos e estendeu a mão em minha direção, segurando um tipo de dispositivo eletrônico, sem dizer uma só palavra. Eu o observei com atenção e nele estava gravado o sermão que eu havia pregado cinco anos antes. Imediatamente presumi que estava zombando de mim por eu ter pregado essencialmente a mesma coisa.

— Desculpe-me por pregar um sermão similar —, mas você precisa entender que sou um pregador de uma nota só, creio eu.

Olhei para o rosto daquele homem e notei uma lágrima rolando. — Não vim aqui para condená-lo por seu sermão igual, mas para agradecer-lhe. Ouvi essa mensagem cinco anos atrás, e ela mudou minha vida completamente. Cresci em uma igreja altamente legalista. Semana após semana, ouvi sobre como Deus estava zangado comigo e como eu não era bom o bastante. Eu vivia dia após dia com medo de Deus e não amava o Senhor de maneira alguma. Quando ouvi seu sermão, as palavras penetraram em meu coração. Comprei o CD e baixei a pregação neste dispositivo; desde então, já ouvi suas palavras dezenas de vezes e as tenho recomendado a quase todo mundo que conheço. Sou um oficial da polícia e não estou muito acostumado a ser tão emotivo. Apenas queria agradecer a você por esta mensagem.

Demos um ao outro um grande abraço, e ele chorou. Sua história me conquistou, e sua emoção me comoveu. Depois que ele se foi, deleitei-me no calor de saber que eu realmente tinha feito diferença na vida de alguém e me voltei para Deus para agradecer-lhe silenciosamente.

Isso reforçou em meu íntimo como essa mensagem de mudança de vida é sobre um Deus que nos ama incondicionalmente.

A seguir, notei que uma jovem estava esperando para falar comigo; então, caminhei até ela e me apresentei. Ao me ver, ela disse, com um enorme sorriso na face: — Muito obrigada por este sermão. Foi libertador!

O calor retornou por um momento, até que ela continuou a falar.

— Você sabe — disse ela. — Estou morando com meu namorado há seis meses. Fui criada em uma igreja que dizia que isso era pecado, e eu me sentia realmente culpada. Mas, esta manhã, você disse que Deus nos ama incondicionalmente e que Jesus perdoou todos os nossos pecados. Então, concluí que minha culpa era desnecessária. Jesus pagou por tudo isso! Apenas quero agradecer a você por esta mensagem libertadora.

Ela apertou minha mão e começou a caminhar saltitante como alguém que tivesse sido informada pelo médico de que estava curada do câncer.

Meu coração congelou.

Concluí então que apenas proclamar as boas-novas de que Deus nos ama, independentemente do que façamos, não é a história completa. O que aquela jovem falhou em entender, e que mais tarde pude explicar a ela, é que nosso Deus amoroso é também "fogo consumidor" (Hebreus 12.29). Isso pode soar amedrontador, mas representa verdadeiramente boas-novas. Havia muito que eu precisava explicar àquela jovem sobre a santidade e a pureza de Deus. Felizmente, aquela breve interação não foi nossa última conversa.

FALSAS NARRATIVAS

Até aqui, venho tentando trazer à luz algumas das narrativas sombrias e negativas sobre Deus que *ouvimos nos círculos religiosos* — o deus zangado que nos julga com grande rigor, o deus que precisa ser estimulado e convencido a perdoar até mesmo nossas menores infrações. Tenho tentado mostrar que esse não é o Deus que Jesus conhece, ama e proclama. Em vez isso, o amor de Deus não está condicionado àquilo que nós fazemos. Deus é amor. Deus ama até mesmo os pecadores. No entanto, o fato de Deus amar os pecadores é geralmente seguido por: "Mas Deus ainda odeia o pecado". Essa narrativa, acredito, é absolutamente verdadeira.

Minha experiência tem mostrado que as pessoas escolhem uma das duas narrativas dominantes, e ambas estão erradas isoladamente.

Deus é cheio de ira. Há aqueles que pensam que Deus está zangado o tempo todo, que a ira e a raiva são essenciais à natureza divina porque Deus é santo e tantos no mundo não são. Uma mulher me disse: "Calculo que Deus esteja geralmente furioso comigo, mas suporta a situação até eu fazer alguma coisa realmente má, e então fico pensando: 'Oh não, o que Deus está preparando para mim?' ". A narrativa dessa mulher é bastante comum. As pessoas imaginam que Deus está furioso com todo pecado que ele vê neste mundo e baixará o martelo divino quando ficar realmente farto disso. Entretanto, a Bíblia também diz: "Deus tanto amou o mundo" (João 3.16) e "Deus em Cristo estava reconciliando consigo o mundo" (2Coríntios 5.19). É aqui que a narrativa se modifica: Deus Pai está realmente irado com nosso pecado e nos enviaria para o inferno caso seu Filho, Jesus, não tivesse interferido na História e assumido o castigo em nosso lugar. É assim que as pessoas equilibram a ira e o perdão de Deus.

> Tem sido difícil para você compreender a ira de Deus? Explique.

Deus não se importa com nosso pecado. Mas há outra narrativa que é também bastante popular, especialmente em nosso mundo pós-moderno. Hoje muitas pessoas abandonaram as narrativas de um "Deus furioso", acreditando que Deus é justamente o oposto. Atualmente é grande a probabilidade de você ouvir alguém contar-lhe que o deus dela é um espírito cósmico benevolente que nunca julga, jamais castiga e de maneira alguma enviará alguém para o inferno. Esse deus "ursinho de pelúcia" se tornou uma alternativa muito moderna para o deus irado do passado.

Se você assistir a qualquer programa de entrevistas popular na TV, ouvirá esse deus ser mencionado com frequência. O apelo é fácil de entender. Um espírito amoroso e que quer abençoar todos certamente é preferível ao *"Marquês de Deus"*,[1] que é cruel e sádico pronto a enviar uma pessoa ao tormento eterno por causa de uma doutrina errada ou em razão do fracasso em superar algum pecado. Mas esse espírito afável reflete o Deus bíblico? Essa narrativa aproxima-se de alguma forma da narrativa de Jesus sobre o Pai? Não, o deus agradável e manso não é nem bíblico nem realmente amoroso.

H. Richard Niebuhr, grande mestre de teologia e ética que lecionou na Universidade de Yale por décadas, atacou esse problema com sua famosa e criteriosa observação de que a narrativa religiosa moderna ensina que "um Deus sem ira serve a homens sem pecado em um reino sem julgamento por meio das ministrações de um Cristo sem cruz".[2]

> Que exemplos de uma mentalidade do tipo "ursinho de pelúcia" a respeito de Deus você já experimentou?

Essa citação mostra como várias narrativas da cristandade ortodoxa se unem, necessariamente, em torno da questão

---

[1] A expressão *"Marquës de Deus"* ["Marquis de God"] foi cunhada por Rabbis Michael SHEVACK e Jack BEMPORAD em um livro intitulado "Stupid Ways, Smart Ways, to Think About God" [Modos estúpidos e modos inteligentes de pensar em Deus]. Missouri: Liguori Publications, 1995. Os autores sugerem que Deus é respeitado por muitos como o "proverbial Deus de ira, pronto a mostrar aos pecadores quanto se importa ao puni-los, desprezando-os a tal ponto que acaba por exterminá-los" (tradução livre). [N. do T]

[2] NIEBUHR, H. Richard. **The Kingdom of God in America**. Middletown, Conn.: Wesleyan University Press, 1988. p. 193.

do pecado. A narrativa de um deus que não se importa com o pecado naturalmente põe por terra toda a história cristã. Deus demonstra ira em relação ao pecado; há julgamento no Reino de Deus, e há necessidade de Jesus ter morrido na cruz.

A princípio, o deus "ursinho de pelúcia" parece convidativo. No entanto, quando você observa nosso mundo ou analisa profundamente o seu próprio coração, vê uma escuridão que é inconfundível. O deus que não se ira também não tem poder contra essa escuridão. Por mais estranho que isso possa parecer, em meu entendimento, a ira de Deus é uma linda parte da majestade e do amor de Deus. Antes de eu explicar o motivo, precisamos voltar uma vez mais a Jesus para obter uma visão equilibrada do caráter de Deus.

A NARRATIVA DE JESUS: A IRA É A AÇÃO CORRETA DE DEUS

Com frequência, pensamos em Jesus como alguém suave e manso, alguém que passeava entre os lírios do campo e falava sobre paz e amor. Ou imaginamos um Jesus que assobiava na carpintaria, com passarinhos empoleirados em seus ombros e ratinhos auxiliando no trabalho. (Nem se dê ao trabalho; é em Cinderela que estou pensando.) Apesar disso, ficamos mais confortáveis com um Jesus do tipo "mauricinho" do que com aquele que realmente aparece nas páginas da Bíblia. A fim de equilibrar essa perspectiva, precisamos analisar o que Jesus tinha a dizer sobre o julgamento e a ira. As seguintes cinco passagens revelam outra dimensão de Deus.

> "Não fiquem admirados com isto, pois está chegando a hora em que todos os que estiverem nos túmulos ouvirão a sua voz e sairão; os que fizeram o bem ressuscitarão para a vida, e os que fizeram o mal ressuscitarão para serem *condenados*" (João 5.28-29).

"Mas eu lhes digo que, no dia do juízo, os homens haverão de dar conta de toda palavra inútil que tiverem falado. Pois por suas palavras vocês serão absolvidos, e por suas palavras serão condenados" (Mateus 12.36-37).

"Pois o Filho do homem virá na glória de seu Pai, com os seus anjos, e então *recompensará* a cada um de acordo com o que tenha feito" (Mateus 16.27).

"Como serão terríveis aqueles dias para as grávidas e para as que estiverem amamentando! Haverá grande aflição na terra e *ira* contra este povo" (Lucas 21.23).

"Quem crê no Filho tem a vida eterna; já quem rejeita o Filho não verá a vida, mas a *ira* de Deus permanece sobre ele" (João 3.36).

Palavras como "condenação" e "ira" não são geralmente associadas a Jesus. No entanto, não podemos ignorar o fato de que ele fala sobre esses temas com frequência. Como integramos esses ensinamentos àqueles que analisamos até aqui? Como compreender um Deus que, de acordo com Jesus, é como um pai que oferece uma festa para um filho desobediente e, apesar disso, também sente ira em relação àqueles que o rejeitam? Para fazer isso, precisamos analisar com mais vagar o que Jesus quer dizer com as palavras "condenação" e "ira".

> Por que ignoramos as palavras de julgamento de Jesus para enfatizar suas palavras sobre o amor?

Integrar o amor de Deus à ira de Deus é de fato difícil. A maioria das pessoas não consegue; simplesmente decide optar por um ou outro lado. Essa integração, contudo, é algo que precisamos fazer, porque Jesus não nos permite escolher um ou outro. Ele fala sobre um Deus que é ambas as coisas, e é essa plena compreensão que precisamos ter a respeito de Deus. Como Paulo disse: "Considere a bondade e a severidade de Deus: *severidade* para com aqueles que caíram, mas *bondade* para com você" (Romanos 11.22).

Deus é tão bondoso quanto severo. Não podemos ter uma característica sem a outra. Na realidade, essas são *realmente* as boas-novas.

PAIXÃO *VERSUS PÁTHOS*

O grande estadista e presidente norte-americano Thomas Jefferson era um homem de ciência que não acreditava em milagres, mas amava Jesus de verdade. Infelizmente, para ele, bem próximo aos ensinos éticos de Jesus estão os relatos de milagres — alimentar 5 mil pessoas com um sanduíche, caminhar sobre as águas, curar a cegueira. Jefferson resolveu esse conflito de uma maneira bem pragmática. Ele usou um par de tesouras e removeu as histórias sobre milagres. Ficou apenas com os ensinos de Jesus. Ele também eliminou alguns dos ensinos que eram um tanto excepcionais. No final, ele tinha exatamente o Jesus que queria ter.

É fácil fazer isso. Suponho que eu também o faça à minha maneira, embora não use tesouras. Simplesmente ignoro as partes das quais não gosto e monto acampamento em minhas passagens preferidas. Essa, entretanto, não tem sido uma boa estratégia. Descobri que, ao fazer isso, perco algum aspecto importante de Deus ou da vida cristã. E esse pedaço ausente faz toda a diferença.

Uma pessoa parecida com Jefferson é o teólogo do século XIX Albrecht Ritschl (1822-1889). Ele não aceitava a noção de um Deus irado. Ritschl concluiu: "O conceito de ira de Deus não tem valor religioso para o cristão".[3] Então, ele reinterpretou o significado de *ira*. A ira é a consequência lógica da ausência de Deus, e não a atitude de Deus em relação ao pecado e ao mal. Muitas pessoas apreciam essa postura porque ela descreve um deus que está acima do sentimento de ira. Esse deus passivo--agressivo apenas fica quieto.

Esse deus nos atrai porque nós temos dificuldade de abdicar de nossas projeções humanas tanto sobre o amor quanto sobre a ira. Quando nos referimos ao amor, geralmente pensamos em uma emoção ou um sentimento irracional. A maioria das canções de amor que ouvimos descreve uma torrente de emoções que uma pessoa sente por seu amado, como se alguém escalasse todas as montanhas e nadasse todos os mares apenas para estar com ela ou com ele. Mas, na realidade, isso não aconteceria de fato. Depois de uma ou duas cadeias de montanhas, a emoção começaria a minguar, e o faminto amante poderia realmente preferir um *cheeseburger* a seu amado. Depois de nadar somente um mar (e vamos pensar em um mar bem pequeno), imagino que o entusiasmo do amor turvaria.

Assim, ouvimos que "Deus é amor" e pressupomos que Deus é louco de amor por nós. Mas o amor — particularmente a maravilhosa palavra *agapē*, derivada do grego —, tem uma definição diferente. Amar é, nas palavras de Dallas Willard, "querer o bem do outro"; não se trata primariamente de uma emoção. O amor é um desejo pelo bem-estar do outro, a ponto de que esse tipo de sacrifício pessoal não estaria em seu caminho. Não é que o amor de Deus seja desprovido de emoção; é justamente

---

[3] RITSCHL, Albrecht, Die Christliche Lehre von der Rechtfertigung und Versöhnung (**The Christian Doctrine on Justification and Reconciliation**). Bonn, 1889. v. 2, p. 154.

que esse amor de Deus é muito mais como o amor do pai em relação a um filho que o "amor" entre dois adolescentes enfatuados. Em outras palavras, o amor de Deus não é uma emoção que se ilumina e míngua.

O mesmo é verdade para o conceito de *ira*. Quando nos referimos a esse termo, imaginamos alguém que perdeu toda a razão e controle tendo um acesso de raiva. Ira é uma palavra tão forte que a utilizamos apenas em casos extremos. Tenho visto algumas pessoas que ficam realmente *bravas* e permanecem de alguma maneira controladas, lógicas e até mesmo justas em lidar com aqueles que causaram toda a agitação. Mas eu não tenho exemplos para a *ira*. A ira é uma forma polida de descrever alguém que cruzou o estado anterior de zangar em direção a um estado de cólera.

Assim, quando nos referimos à ira de Deus, imaginamos que ele está irracionalmente tomado pela raiva, pronto a "fazer cabeças rolar" por causa de sua fúria. No entanto, da mesma forma que o amor de Deus não é um sentimento tolo e néscio, mas um desejo consistente pelo bem de seu povo, também a ira de Deus não é uma fúria desvairada, mas uma oposição consistente ao pecado e ao mal. Deus odeia o pecado, dizemos (mas não o pecador), porém ainda assim a ideia de Deus odiar algo ou alguém parece inferior a ele. Temos dificuldade com os conceitos de ira, julgamento e condenação de Deus porque nossos exemplos dessas coisas são extremamente negativos.

A solução para o problema é entender que, na Bíblia, a ira de Deus é *páthos* e não *paixão*. O *Anchor Bible Dictionary* explica a diferença:[4]

---

[4] Seria interessante o leitor conferir também as definições do **Dicionário eletrônico Houaiss da língua portuguesa** para o substantivo *páthos*:

Na Bíblia hebraica, a ira de Javé é retratada de maneira um tanto diferente da ira humana. Em alguns aspectos, trata-se essencialmente de uma distinção entre "paixão" e "*páthos*". A paixão pode ser entendida como uma convulsão emocional [...] e [...] uma perda de autocontrole [...]. "*Páthos*", por outro lado, é um ato tomado com cuidado e intenção, o resultado de determinação e decisão.[5]

A ira de Deus não é como a ira humana, que é uma paixão impulsiva e irracional. Por exemplo, Deus nunca é descrito por Paulo como estando com raiva. A raiva é uma emoção humana. A ira é diferente. A ira de Deus é uma resposta cuidadosa, objetiva e racional. É realmente um ato de amor. Deus não fica indeciso diante do pecado. Deus se opõe feroz e vigorosamente às coisas que destroem seu precioso povo, pelo qual eu sou grato. É um sinal do amor de Deus: "A ira de Deus precisa ser entendida em relação a seu amor. A ira não é um atributo permanente de Deus. Embora o amor e a santidade sejam partes de sua natureza essencial, a ira é contingente ao pecado humano; se não houvesse pecado, não haveria ira".[6]

"1. qualidade no escrever, no falar, no musicar ou na representação artística (e, p. ext., em fatos, circunstâncias, pessoas) que estimula o sentimento de piedade ou a tristeza; poder de tocar o sentimento da melancolia ou o da ternura; caráter ou influência tocante ou patética. 2. na experiência do espectador, leitor etc., sentimento de dó, compaixão ou empatia criados por essa qualidade do texto, da música, da representação etc. 3. esp. na antiga arte grega, qualidade do que é transiente ou emocional (p. opos. ao permanente ou ideal)". [N. do T.]

[5] "Ira de Deus". In: HERION, Gary A.; BECK, Astrid B.; FREEDMAN, David Noel. **The Anchor Bible Dictionary**. New York: Doubleday, 1992. v. 6, p. 989.

[6] Ibid.

A ira é uma reação necessária de um Deus amoroso e santo, um Deus maravilhoso e bom, ao mal. A ira de Deus é *um veredicto temporário e justo sobre o pecado e o mal*. Como observa J. I. Packer: "A ira de Deus na Bíblia está sempre relacionada a julgamento"[7] e é "uma reação correta e necessária a um mal moral objetivo".

> Dê um exemplo da diferença entre paixão e páthos.

Packer conclui seu argumento, perguntando: "Um Deus que tivesse tanto prazer no mal quanto tem no bem seria um Deus bom? E um Deus que não agisse contrariamente ao mal em seu mundo seria moralmente perfeito? Certamente que não".[8] E se o Criador do Universo fosse assim indiferente, o Universo seria justo? Uma das coisas que nós, humanos, não podemos deixar escapar é nosso desejo por retidão e justiça. Não quero um Universo no qual não haja nenhuma justiça, nem certo e errado. E não quero um Deus que seja indiferente ao mal moral

UM EXEMPLO DE IRA DIVINA ENTRE OS HUMANOS

Creio que o melhor exemplo que posso encontrar no nível humano é a organização chamada MADD (do inglês *Mothers Against Drunk Driving*, ou seja, Mães contra Motoristas sob Efeito do Álcool). Essa instituição foi criada por mães (e, presumo, alguns pais) cujos filhos morreram por causa de motoristas alcoolizados. Durante muitos anos, as leis norte-americanos contra motoristas sob efeito de álcool que causaram mortes foram lenientes, tratando o caso como homicídio involuntário.

---

[7] PACKER, J. I. **Knowing God**. Downers Grove, Ill: InterVarsity Press, 1973. p. 151.
[8] Ibid.

Com frequência, os responsáveis não eram prestos e voltavam a dirigir novamente embriagados. Em resposta, essas mães devastadas pela morte dos filhos canalizaram sua raiva para alimentar uma paixão pela justiça. Elas ajudaram o mundo a reconhecer que beber até embriagar-se era uma escolha feita pelos indivíduos, e portanto, ao dirigir bêbadas, essas pessoas não matavam involuntariamente. Por meio de campanhas e esforços junto à sociedade civil, a MADD tem ajudado a tornar as leis mais rigorosas e a mudar a maneira de pensar e agir das pessoas. Em resumo, é seguro dizer que os esforços da MADD — embora essas mães sejam incapazes de trazer seus filhos de volta — salvaram a vida dos filhos de outras mães.

Esse exemplo das mães é o mais próximo do que consigo chegar para entender como a ira divina se expressaria no nível humano. Deus realmente odeia os efeitos que o pecado inflige a seus filhos. É absurdo afirmar que Deus é indiferente ao abuso infantil ou à infidelidade ou até mesmo ao roubo. Eu não quero saber desse tipo de deus, tanto quanto não quero saber daquele deus vingativo, que está pronto a me fulminar caso eu esqueça de observar meu momento devocional. Ambos são um grande equívoco. Deus é amor e, porque Deus é justo, ele se opõe poderosamente ao pecado e ao mal. E é com esse Deus que sou feliz.

A SANTIDADE É A ESSÊNCIA DE DEUS

A essência de Deus é a santidade. A santidade é um atributo divino. Deus é puro. Não há pecado, mal ou escuridão em Deus. A Bíblia anuncia a santidade de Deus por toda parte:

> "Quem entre os deuses
> é semelhante a ti, Senhor?
> Quem é semelhante a ti?
> Majestoso em santidade,

terrível em feitos gloriosos,
autor de maravilhas?" (Êxodo 15.11).

"Pois eu sou o SENHOR, o Deus de vocês; consagrem-se e sejam santos, porque eu sou santo" (Levítico 11.44).

E proclamavam uns aos outros:
"Santo, santo, santo
é o SENHOR dos Exércitos,
a terra inteira está cheia da sua glória" (Isaías 6.3).

A santidade é parte essencial da natureza divina. Deus não pode *não* ser santo, da mesma maneira que Deus não pode *não* ser amor. Isso não se aplica à ira de Deus, que não é um atributo divino. A ira não é algo que Deus *é*, mas algo que Deus *faz*. Embora seja correto dizer que Deus é santo, não é correto dizer que Deus é irado. A ira é apenas o ato justo de um Deus santo em relação ao pecado. Essa é uma distinção muito importante. Muitas pessoas partem do princípio de que Deus é zangado e furioso, mas isso não é verdade. Deus é santo e puro. E a santidade e a pureza de Deus são parte da bondade e da beleza de

> Por que a verdade de que a ira de Deus é uma ação, e não um atributo, é tão importante? O que essa diferença significa para você?

Deus. A santidade é a essência de Deus. Deus não é irado por natureza. Sua ira é o que os seres humanos experimentam quando rejeitam Deus. E é uma parte necessária do amor de Deus.

NOSSO DEUS É FOGO CONSUMIDOR

Durante anos, tive dificuldades em conciliar o amor e a ira de Deus. Consegui superar essa barreira quando li o grande escritor e pregador escocês George MacDonald. Em um de seus sermões, ele registrou estas profundas palavras: "O amor ama para purificar".⁹ O sermão se baseava no texto encontrado em Hebreus 12.29. "O nosso Deus é fogo consumidor". MacDonald combinou o conceito de amor incondicional e infinito com o conceito de santidade. Ou seja, Deus nos ama tanto que ele anseia que sejamos puros e trabalha incansavelmente para nos tornar puros. MacDonald ressalta como Deus é contrário ao pecado e, portanto, a favor dos seres humanos: "Ele é sempre contrário ao pecado; na medida em que, e enquanto, eles e o pecado forem um, Deus é contra eles — contra seus desejos, seus objetivos, seus medos e suas esperanças; e dessa forma ele é completamente *a favor deles*".¹⁰

> Se o amor de Deus tivesse de "consumir" algo em sua vida que está restringindo você, o que seria?

Deus é contrário a meu pecado porque é a meu favor. E, se eu defendo o pecado, Deus se coloca contra esse desejo, MacDonald argumenta, porque ele provoca minha destruição. Não há outro caminho. Para estar certo, tenho a tedência de desculpar meus pecados ou de racionalizar minhas fraquezas, mas não é assim que Deus age. Embora agora estejamos reconciliados com ele por meio de Cristo, Deus não é indiferente a meu pecado. O pecado me fere e, por consequência, fere Deus — porque Deus me ama.

Deus não me faz sentir mal nem me envergonha para que eu melhore meu comportamento. Ele também não usa o medo ou a culpa. O método de Deus para a mudança é mais elevado. O santo amor de Deus consome o lixo do pecado e o elimina de

---

⁹ MacDonald, George. "The Consuming Fire". **Unspoken Sermons**, first series. Eureka, Calif.: Sunrise Book, 1988. p. 27.
¹⁰ Ibid., p. 38.

nossa vida. É a bondade de Deus que leva ao arrependimento genuíno (Romanos 2.4). Como MacDonald afirmou: "O amor ama para purificar".

VOCÊ REALMENTE NÃO QUER UM DEUS PROFANO

Como vimos anteriormente, o deus "ursinho de pelúcia" é uma alternativa atraente ao "marquês de Deus", o deus sádico e zangado que odeia e fere injustamente. Na verdade, contudo, não queremos o deus "ursinho de pelúcia" porque esse deus não é santo. J. I. Packer propõe uma penetrante questão: "Um Deus que não se importasse com a diferença entre o certo e o errado seria um Ser bom e admirável? [...] A indiferença moral seria uma imperfeição em Deus, não uma perfeição".[11] Um Deus permissivo poderia dizer: "O pecado não é uma coisa tão importante — especialmente se, ao pecar, minhas criaturas não estiverem ferindo os outros. Todos os seres humanos pecam. Enxergo isso de outra maneira. Sim, eles estão vivendo como seus próprios deuses, mas quem pode culpá-los? Eu os criei à minha imagem; então, eles estão assemelhando-se a mim! Posso deixar isso passar. Acredito que estão tentando fazer o melhor".

Talvez eu queira esse deus "ursinho de pelúcia" quando me sinto culpado, quando minha consciência me acusa em alto e bom som, ou quando quero racionalizar meu desejo pelo pecado. Mas não quero esse deus no longo prazo. Esse deus é como um pai permissivo que deixa seus filhos beber e praticar sexo sem culpa. Quando jovens, pensávamos que pais que agiam assim

---

[11] PACKER, **Knowing God**, p. 143.

eram legais; isso, porém, não é verdade. Eles eram preguiçosos e não amavam de fato seus filhos. Muitos de seus filhos acabaram no mundo das drogas, e outros tantos arruinaram sua vida antes que chegassem aos 21 anos de idade. Esse pode ser o tipo de pai que você desejaria ter aos 15 anos, mas no fundo não é o que você realmente quer.

Não quero um deus que diga: "Isso é 'maneiro'. Não se desculpe por isso. Todo mundo peca; apenas faça isso sem culpa, cara. A culpa é que estraga tudo. Simplesmente aproveite a vida!". Esse deus não me ama. Tratar o pecado com leveza não é amar, porque o pecado destrói. Eu quero um Deus que odeie qualquer coisa que me cause dano. "Ódio" é uma palavra forte, mas mesmo assim uma boa palavra. Porque o verdadeiro Deus não somente odeia o que me destrói (o pecado e o desinteresse), mas também toma providências para destruir o meu destruidor, eu o amo. E porque esse Deus destruiu o pecado por fazer de si mesmo o supremo sacrifício, assumindo toda a culpa e toda a dor e todo o sofrimento por meu pecado, eu o amo com um amor infinito.

A NECESSIDADE DO INFERNO

Porque Deus é amor, o inferno — um lugar de separação de Deus — é necessário. O amor não exige amor de volta; não é coercivo. Deus faz tudo o que pode para nos estender a mão, e mesmo assim somos livres para rejeitar esse amor. O inferno é simplesmente o isolamento de Deus. Uma pessoa — mesmo alguém que os outros consideram decente e justo — que rejeita Deus está experimentando o inferno aqui na terra.

Deus não viola nossas escolhas. As pessoas podem escolher barrar Deus de sua vida. Dessa forma, as portas do inferno são trancadas por dentro. No grande poema de John Milton, *Paraíso perdido*, Satanás se vangloria: "É melhor reinar no inferno do que servir no céu". Há uma parte da vida humana que resiste a ceder o controle a Deus. Se não for controlada, a resistência pode levar à ruína. C. S. Lewis escreve: "Não é uma questão de Deus nos 'enviar' para o inferno. Em cada um de nós, há algo crescendo que se tornará o próprio *Inferno*, a menos que seja cortado pela raiz. A questão é séria: vamos entregar-nos em suas mãos imediatamente — neste mesmo dia, nesta mesma hora".[12]

Deus importa-se profundamente com o pecado porque o pecado destrói seus preciosos filhos. E Deus espera por santidade em nós porque ela é o caminho para a integridade.

Nos capítulos 7 e 8, veremos como nosso Deus santo nos torna pessoas santas. Deus voluntariamente sacrificou a si mesmo para pôr um ponto final no problema do pecado — quebrar seu poder e lançar fora nossa culpa. Então, Deus se levantou da morte e nos transformou em pessoas habilitadas por Cristo, pessoas que são capazes de vencer a tentação. No segundo livro da trilogia, *The Good and Beautiful Life* [no prelo], veremos como nosso Deus santo nos convida a entrar em seu Reino inabalável e como ele interage conosco em nossa vida diária. *The Good and Beautiful Life* também explorará as lutas que todos nós enfrentamos (raiva, luxúria, mentira, avareza etc.) em nossa jornada rumo a tornar-nos semelhantes a Cristo. O movimento em direção à santidade é encorajado pelo Deus santo que nos ama com um amor santo.

> Se Deus fosse indiferente ao pecado, como isso nos afetaria?

---

[12] LEWIS, C. S. **The Problem of Pain**. New York: Macmillan, 1962. p. 127. [O problema do sofrimento. São Paulo: Vida, 2006.]

A GRAÇA ENVOLVE MAIS DO QUE IGNORAR OS PECADOS

Este capítulo começou com a história de uma jovem que acreditava que a graça e o perdão de Deus implicam que ele não se importa com nosso comportamento. Alguns meses depois, tive a oportunidade de falar com essa jovem sobre quão importante — e excelente — é a santidade de Deus. Expliquei a ela que Deus não tolerava suas ações pecaminosas, mas não pelo fato de ser um "puritano".

— A razão de Deus não aprovar o que vocês estão fazendo — eu disse — é que você é sagrada para Deus, e sua sexualidade também é sagrada para ele. Deus é totalmente 'pró-sexo'. Afinal de contas, foi ele mesmo quem o inventou! Mas a relação sexual é um ato sagrado de intimidade que foi projetado para ser compartilhado por pessoas que firmam um compromisso definitivo uma com a outra — a aliança de casamento. Qualquer coisa menor que isso desvaloriza e diminui o sexo, geralmente levando a uma boa dose de dor e desgosto. Você é sagrada e especial. É por essa razão que as pessoas esperam até o casamento para fazer sexo.

— Entendo o que você quer dizer — ela afirmou. — Depois de um tempo, parecia que o único interesse dele em mim era sexual; ele não me via como uma pessoa. Nosso relacionamento está muito ruim. O que devo fazer?

— Diga a ele que vocês não farão sexo até que se casem.

— Ele vai dizer que está tudo acabado.

— Então, você conhecerá quem ele realmente é e estará em uma posição melhor que agora.

Na próxima vez em que eu a vi, contou-me que havia seguido meu conselho, e, conforme era esperado, seu namorado não gostou de sua atitude, e eles acabaram terminando o namoro de uma vez por todas. No entanto, estava sorrindo. Ela agora concentrava-se na santidade de quem ela era. Dois anos mais tarde, ela apareceu radiante em meu escritório. Apontou para um anel em seu dedo e exclamou: — Estou noiva do homem mais maravilhoso da terra! Ele realmente me respeita. Decidimos esperar até o casamento para termos relações sexuais. Obrigada por me mostrar quem realmente sou.

Pensei em como as coisas tinham começado tão mal, com minha pregação levando ao equívoco de aquela jovem acreditar que não fazia diferença pecar. Então, ocorreu-me que talvez ela precisasse primeiro ouvir que era amada incondicionalmente antes de eu poder abordar a questão do pecado. Isso é contraintuitivo, mas acredito que esteja certo. Pressupomos que a ira vem antes da graça, mas essa não é a sequência bíblica. Até ter certeza de que somos amados e perdoados, é impossível lidar adequadamente com nossa pecaminosidade. Ao agir com base em nossos próprios recursos, tentaremos fazer Deus gostar de nós por nosso próprio empenho em mudar. A primeira e a última palavra de Deus são sempre "graça", como diz Barth. Só então podemos começar a entender a santidade de Deus, assim como nossa própria santidade.

TREINAMENTO PARA A ALMA
Margem

O dr. Richard Swenson escreveu um livro maravilhoso intitulado *Margin* [Margem]. Margem refere-se ao espaço situado no contorno de uma página no qual não há nenhum texto. A página que você está lendo tem margens em cima, embaixo e nas laterais. Se palavras se estendessem de cima a baixo e até os limites laterais, não haveria margem alguma. Swenson vê alguma semelhança em nossa vida. Nós acrescentamos tanta coisa em nossa agenda que não temos nenhuma "margem", nenhum espaço para o lazer, para o descanso, para Deus e para nossa saúde.

Swenson explica a diferença entre viver com e sem margem da seguinte forma:

> As condições da vida moderna fazem desaparecer as margens [...]. Viver sem margem é chegar trinta minutos atrasado ao consultório médico porque você atrasou vinte minutos no cabeleireiro porque você chegou dez minutos atrasada ao levar seus filhos à escola porque a gasolina do carro acabou a dois quarteirões do posto de gasolina — e você tinha esquecido sua bolsa em casa.

Viver com margem, por outro lado, é ter fôlego de sobra ao chegar ao topo da escada, dinheiro de sobra ao chegar ao final do mês, e sanidade de sobra ao chegar ao final da adolescência.

Viver sem margem é ter o bebê chorando e o telefone tocando ao mesmo tempo; viver com margem é contar com a vovó para tomar conta do bebê à tarde.

Viver sem margem é ter de carregar um peso três quilos acima do que você é capaz de suportar; viver com margem é contar com um amigo para levar a sobrecarga.

Viver sem margem é não ter tempo de terminar o livro que você está lendo sob pressão; viver com margem é ter tempo de ler o livro duas vezes. [1]

Creio que quase todos nós nos encaixamos nessa descrição. Vivemos em uma cultura que valoriza estar o tempo todo ocupado e hiperativo como símbolos de importância.

Swenson observou a falta de margem na vida de seus pacientes antes que a reconhecesse em sua própria vida. Ele é um médico que começou a notar toda sorte de riscos à saúde causados por estresse. O estresse, ele descobriu, decorre da hiperatividade. Então, começou a orientar seus pacientes a desacelerar e a eliminar coisas desnecessárias de sua vida.

A seguir, examinou a própria vida e percebeu que estava na mesma condição. Ele concluiu que trabalhar oitenta horas semanais estava comprometendo sua saúde, o tempo com sua família e seu relacionamento com Deus. Então, algo o atingiu em cheio: esses três eram os seus mais preciosos recursos! Swenson decidiu então cortar suas atividades pela metade — o que significava cortar

---

[1] SWENSON, Richard. **Margin**. Colorado Springs: NavPress, 1992. p. 32.

também pela metade suas receitas. Não foi fácil, mas, de acordo com Swenson, foi a melhor decisão que ele havia tomado na vida.

Tenho trabalhado duro para criar margem em minha vida, e acho que descobri o segredo. É simples, mas muito difícil de pôr em prática: *basta dizer não*.

Dizer não a quê? A qualquer coisa que não seja absolutamente necessária para o bem-estar de sua alma ou a felicidade dos outros. A lista de todas as atividades que você sente que precisa realizar todos os dias ou todas as semanas provavelmente está cheia de coisas boas. Não é uma questão do bem *versus* o mal, mas do bem *versus* o bem.

Permita-me dar um exemplo. Uma jovem que passou pela experiência descrita neste livro foi cativada pela ideia de margem — isso porque ela vivia sem margem alguma. Assim, ela começou a mudar algo em sua vida. Estudava e trabalhava, portanto uma parte de seu tempo já estava automaticamente comprometida. Ela também acreditava que conviver com sua família era algo muito valioso, assim como eram suas atividades de orar, ler a Bíblia e escrever um diário. Finalmente, ela estava namorando e queria investir em seu relacionamento. No entanto, percebeu que seu namorado ocupava de três a quatro horas todos os dias. A jovem orou a respeito e concluiu que seu relacionamento era uma área em que poderia criar margem. Conversou com seu namorado, explicando que desejava continuar namorando, mas precisava de pelo menos três noites longe dele por semana. Isso lhe daria de nove a dez horas de margem.

Mais tarde, a jovem me contou como essa decisão representou uma mudança significativa em sua vida. Ela começou a melhorar na escola, aprofundar seu relacionamento com Deus e com sua família, e a passar seus dias em um ritmo e em uma sequência que a fizeram sentir-se feliz e em paz. Ela e seu namorado continuaram o relacionamento também. Lembre-se de que *Deus nunca chamou ninguém para viver sem margem.*

Se está faltando margem em nossa vida, é responsabilidade nossa e também um sinal claro de que nos estamos afastando do Reino. Então, seja honesto e implacável com sua agenda. Sua saúde espiritual, relacional e física depende disso.

MARGEM E SANTIDADE

Santidade é essencialmente integridade — a vida que funciona bem. O pecado é uma disfunção ou doença. A doença espiritual número um de nossos dias é "a doença da pressa". Estamos constantemente apressados porque sobrecarregamos nossa agenda. Quando falta margem em nossa vida, ficamos cansados, solitários e tristes, o que parece convidar à tentação. Precisamos de margem. A margem recupera o equilíbrio e restaura nossa alma, aumentando dessa forma nossa capacidade de alegrar-nos. E a alegria é uma verdadeira barreira contra a tentação. A margem e a santidade estão inter-relacionadas de maneiras muito profundas.

Aqui estão algumas ideias para você encontrar margem em sua vida:

- Acorde dez minutos mais cedo e crie um espaço para silêncio antes de você iniciar seu dia.
- Elimine atividades de entretenimento desnecessárias.
- Reduza a quantidade de seus compromissos, perguntando: "Isso é essencial?". Por exemplo, você precisa participar de *três* comissões na igreja?
- Se você faz algo com certa periodicidade (por exemplo, passar um tempo com um amigo), considere reduzir a frequência sem excluir essa pessoa de sua vida.

PARA REFLETIR

Quer esteja estudando este material sozinho quer em companhia de outras pessoas, as questões a seguir podem ajudar você a refletir sobre sua experiência. Em ambos os casos, pode ser uma boa ideia responder a essas questões em seu diário. Se estiver reunido com um grupo, leve seu diário à reunião para ajudar você a recordar suas descobertas à medida que compartilha suas experiências.

1. Você conseguiu pôr em prática alguma das sugestões para criar margem nesta semana? Em caso positivo, descreva o que fez e como se sentiu.
2. O que você aprendeu sobre Deus ou sobre si mesmo por meio desse exercício?
3. Enquanto você tentava desenvolver margem em sua vida, o que foi mais difícil? O que foi mais recompensador?

Capítulo 7

Deus se autossacrifica

Minha irmã, Vicki, é inteligente e observadora — uma das pessoas mais brilhantes que conheço. Ela tem frequentado a igreja durante toda a sua vida — participando ativamente do grupo de jovens durante a faculdade, sendo professora da escola dominical quando adulta e membro do coro por três décadas. Nesse tempo todo, ela escutou centenas de sermões. Se alguma pessoa ouviu uma mensagem clara sobre a importância e o verdadeiro significado da encarnação, morte e ressurreição de Jesus, essa pessoa é Vicki. Mas, surpreendentemente, minha irmã de alguma forma conseguiu falhar em compreender a mensagem. (Ou talvez aqueles que usaram o púlpito tenham falhado em comunicá-la com clareza.) Vick não está sozinha. Muitas pessoas não dão uma explicação clara e articulada de por que Jesus se tornou humano, morreu e ressuscitou. Com toda a honestidade, a mesma condição se aplicava a mim durante muitos anos, embora eu ocupasse cargos religiosos. Eu poderia oferecer uma explanação básica (como "Jesus morreu para nos salvar de nossos pecados"), mas não entendia seu significado espiritual profundo.

Vicki e seu marido, Scott, participaram de um curso que eu estava ministrando sobre como ser um discípulo de Jesus. Uma parte importante do curso incluía reflexão sobre a cruz. Vicki analisou o material que estávamos estudando e declarou com toda a honestidade: "Jim, eu tenho de admitir. Nunca entendi a cruz. Sempre me incomodou o fato de Jesus precisar morrer. E é difícil entender por que Deus permitiu que Jesus morresse. Parece algo como abuso infantil". Ela continuou explicando que a cruz lhe parecia desnecessária — que Deus poderia ter facilmente "perdoado o mundo" apenas declarando que o mundo estava perdoado, ou ensinando as pessoas a amar umas às outras. Assim, Jesus não precisaria sofrer. Não haveria necessidade alguma de sangue.

Simpatizei completamente com ela. A cruz de Jesus, de uma perspectiva, parece ser um evento misterioso e ameaçador. E, não obstante, toda igreja católica romana tem um crucifixo — uma cruz com o corpo físico de Jesus pregado nela — e a maioria das igrejas protestantes apresenta uma cruz sobre uma torre ou no santuário. Muitos de nossos hinos são cânticos de louvor à cruz. A morte de Jesus é o início e o centro da teologia cristã, e apesar disso muitos de nós falhamos em compreender seu significado. Entender por que Jesus escolheu viver entre nós e morrer por nós ajudou-me a compreender melhor a natureza de nosso maravilhoso e bom Deus.

> Você alguma vez teve dificuldade de entender por que Jesus teve de morrer por nós? Em caso positivo, explique.

NARRATIVA FALSA: NÓS TRAÇAMOS NOSSO CAMINHO ATÉ DEUS

Como vimos em um capítulo anterior, vivemos em um mundo baseado em desempenho. Obtemos aquilo que merecemos.

Todas as grandes religiões do mundo (exceto o cristianismo) se baseiam nesse mesmo princípio. Os seres humanos precisam fazer alguma coisa a fim de obter o favor e as bênçãos de seu(s) deus(es), seja por meio de adoração, seja pelo sacrifício, seja por uma vida correta, seja por todas essas coisas juntas. Isso parece lógico quando o raciocínio parte de nossa própria experiência. O mundo em que vivemos funciona da seguinte forma: pratique atos bons, e coisas boas acontecerão a você; pratique atos ruins, e coisas ruins acontecerão a você. No hinduísmo e no budismo, isso é chamado de carma. Leve sua vida de maneira adequada, siga os preceitos, ofereça os sacrifícios apropriados, e Deus o recompensará com bênçãos. Encontrar Deus é em grande medida uma responsabilidade sua. Isso é não somente lógico, mas também bastante interessante, porque nos permite continuar no controle.

A NARRATIVA DE JESUS: DEUS TRAÇA SEU CAMINHO ATÉ NÓS

O livro que me ajudou a entender por que Jesus se tornou humano e teve de morrer na cruz é *On the Incarnation* [Sobre a encarnação], escrito por Atanásio (c. 296-373), bispo de Alexandria.[1] Hoje ele é reconhecido por ter ajudado a igreja a entender por que a encarnação (Deus tornando-se humano), a morte (a crucificação) e a ressurreição de Jesus foram necessárias para a reconciliação dos seres humanos com Deus. Assim, depois de conversar com Vicki sobre sua dificuldade de entender por que

---

[1] Atanásio esteve presente no Concílio de Niceia (325 d. C.), no qual foi definida a doutrina padronizada da encarnação (Jesus era totalmente Deus e totalmente homem). O *Credo niceno* posterior é a compreensão ortodoxa (correta) da pessoa de Jesus e da natureza da Trindade. Durante toda a sua vida, Atanásio sustentou que as doutrinas estabelecidas em Niceia estavam corretas e defendeu corajosamente sua posição contra enorme oposição. Ele foi exilado cinco vezes por causa de suas crenças.

Jesus precisava morrer, voltei ao clássico livro de Atanásio com essas questões em mente.

Transformei minhas indagações e as respostas de Atanásio em um diálogo.[2] Então, imagine você que tenhamos viajado de volta no tempo para fazer a Atanásio algumas perguntas difíceis sobre a encarnação, a morte e a ressurreição de Jesus.

> JAMES: Atanásio, uma pergunta que as pessoas fazem habitualmente é: Por que Jesus precisou tornar-se um ser humano e sofrer e morrer na cruz? Por que Jesus simplesmente não nos ensinou a viver de um modo agradável a Deus?
>
> ATANÁSIO: Isso funcionaria se a humanidade não tivesse caído em *total corrupção*. Se nós, humanos, tivéssemos apenas quebrado uma lei, poderíamos arrepender-nos disso. Se nosso problema fosse a ignorância, a educação seria a solução. Mas o problema humano é muito mais profundo. Somos corruptos e depravados. É como uma doença que não pode ser curada por força de vontade ou por conhecimento.
>
> JAMES: Como nos envolvemos em uma situação tão difícil?
>
> ATANÁSIO: É uma longa história, mas vou resumi-la tanto quanto possível. Deus fez os seres humanos à sua imagem, o que significa que eles podem raciocinar e criar, e podem conhecer Deus. Adão e Eva foram criados em liberdade para serem amigos de Deus, embora tivessem recebido um único mandamento para demonstrar seu amor, sua apreciação e sua obediência a Deus: eles não poderiam comer da árvore do conhecimento do bem e do mal. Essa árvore simbolizava o desejo de ser Deus, porque apenas Deus conhece

---

[2] O diálogo a seguir é, logicamente, fictício. No entanto, as respostas de Atanásio foram extraídas diretamente do livro *On the Incarnation*. A fim de tornar a discussão mais atual, elaborei um pouco mais. Mas isso não foi muito difícil porque Atanásio aborda todas as questões que propus.

verdadeiramente o bem e o mal. Eles foram advertidos: "Não coma[m] da árvore do conhecimento do bem e do mal, porque no dia em que dela comer[em], certamente você[s] morrerá[ão]" (Gênesis 2.17). Bem, eles acabaram comendo o fruto da árvore e *morreram* imediatamente no sentido *espiritual*, sendo lançados fora da presença de Deus, não podendo mais viver na fácil comunhão do Éden. Por consequência, começaram a morrer fisicamente. E eles não apenas morreriam fisicamente algum dia, mas agora viviam no estado de corrupção.

JAMES: No entanto, Deus poderia simplesmente tê-los perdoado, certo?

ATANÁSIO: Não, Deus não poderia voltar atrás em seu mandamento. Mas Deus também não poderia permitir que sua preciosa criação fosse destruída. Como Deus, sendo bom, deveria agir? Esse foi o dilema divino.

JAMES: Mas não havia uma maneira de os seres humanos salvarem a si mesmos? Deus não poderia ter apenas ordenado que eles se arrependessem?

ATANÁSIO: Não. O arrependimento não mudaria sua natureza, que agora era corrupta. Mesmo que eles tivessem parado de pecar — o que não conseguiriam fazer —, ainda seriam corruptos por dentro e estariam sujeitos à lei da morte.

JAMES: Então, o que poderia resolver o problema?

ATANÁSIO: Não se trata do quê, mas de quem era necessário para resolver o problema. Somente a Palavra do próprio Deus, quem no princípio também tinha criado todas as coisas do nada, poderia resolver o problema humano. Para esse propósito, então, Deus, que não é limitado por um corpo físico nem está sob o poder do pecado, entrou em nosso mundo. Ele tomou para si um corpo, um corpo humano semelhante ao nosso.

JAMES: Mas por quê? Deus não poderia ter aparecido de alguma outra forma? Por que ele precisou assumir um corpo *humano*?

ATANÁSIO: Jesus tomou para si um corpo como o nosso porque o corpo humano era suscetível à corrupção da morte. Ele entregou seu corpo à morte no lugar de todos e o ofereceu ao Pai. Ele fez isso por causa de seu absoluto amor por nós, de modo que em sua morte todos poderiam morrer, e a lei da morte seria por meio disso abolida. Dessa forma, ele faria a morte desaparecer tão absolutamente quanto a palha consumida pelo fogo.

JAMES: Então, ele assumiu um corpo para que pudesse morrer? É isso?

ATANÁSIO: Sim, a corrupção só poderia ser removida por meio da morte. Por essa razão, portanto, Jesus assumiu um corpo capaz de morrer. Foi entregando à morte o corpo que ele havia tomado, como uma oferta e um sacrifício livre de qualquer mancha, que ele revogou a morte para seus irmãos e irmãs humanos pela oferta do *equivalente*. Ele realizou com sua morte tudo o que era exigido.

JAMES: Você enfatizou as palavras "oferta do equivalente". Não entendo o que quer dizer.

ATANÁSIO: A corrupção total — que é o estado dos seres humanos depois da Queda — somente pode ser revertida pelo sacrifício da *incorrupção* total. Jesus era livre do pecado.

JAMES: O que isso representa para você e para mim?

ATANÁSIO: Jesus reverteu a Queda original fazendo por nós o que não podíamos fazer! Pelo sacrifício de seu próprio corpo, Jesus fez duas coisas: ele pôs um ponto final na lei da morte que bloqueava nosso caminho e providenciou um novo começo de vida para nós, dando-nos a esperança da ressurreição. Jesus, você sabe, destruiu a morte.

JAMES: Deixe-me passar para um tópico relacionado. Por que Jesus teve de morrer do modo pelo qual morreu — na cruz? Ele não poderia ter morrido de outra forma e ainda assim ter alcançado o mesmo objetivo?

ATANÁSIO: Jesus teve de passar por uma morte muito real, pública, inegável, que todos pudessem ver. Se não houvesse testemunhas de sua morte, ninguém acreditaria em sua ressurreição. Ele poderia ser considerado um contador de histórias.

JAMES: Mas por que ele precisou morrer daquele modo vergonhoso? A crucificação era a mais dolorosa e humilhante forma de execução que o mundo conhecia na época. Ele não poderia ter tido uma morte mais digna?

ATANÁSIO: Eu sei que você abomina a cruz, e deve abominar mesmo. Observe, porém, o seguinte: um maravilhoso e poderoso paradoxo ocorreu, porque a morte que eles pensaram que infligiria a Jesus desonra e desgraça se tornou o glorioso monumento de sua vitória sobre a morte. Embora eles tivessem tentado matá-lo de modo ignominioso, a cruz permanece por toda a eternidade como um símbolo da glória de Deus. E um último ponto: como Jesus teria alcançado o mundo inteiro se não tivesse sido crucificado, já que *é apenas na cruz que um homem morre com os braços estendidos?*

> Há alguma coisa que Atanásio explicou no diálogo que você considerou útil ou trouxe uma nova compreensão sobre Cristo?

O RISCO DE NÃO SER CORRESPONDIDO NO AMOR

Deus, que é completamente livre, escolheu voluntariamente entrar em nosso mundo como uma criança vulnerável e suportar insultos, tortura e execução como um adulto. Deus não precisava fazer isso. Se Atanásio está certo em dizer que o único modo de resolver o problema humano (a corrupção, a separação de Deus, a perda da imagem de Deus) era o próprio Deus interferir, isso ainda não significa que Deus *precisasse* fazer isso. Não há nada que tenha obrigado Deus a nos salvar dessa forma. Ao decidir salvar-nos dessa maneira, Deus arriscou ter seu amor não correspondido. O que aconteceria se os seres humanos tivessem rejeitado seu amor?

João nos diz: "Aquele que é a Palavra estava no mundo, e o mundo foi feito por intermédio dele, mas o mundo não o reconheceu. Veio para o que era seu, mas os seus não o receberam" (João 1.10,11). Essa é uma passagem poderosa porque contém várias verdades essenciais. Primeiro: "O mundo foi feito por intermédio dele". Deus criou o mundo por meio de Jesus, e Jesus continua a manter o mundo inteiro coeso:

> Ele é a imagem
>   do Deus invisível,
> o primogênito
>   de toda a criação,
> pois nele foram criadas
>   todas as coisas
> nos céus e na terra,
>   as visíveis e as invisíveis,
> sejam tronos ou soberanias,
>   poderes ou autoridades;
> todas as coisas foram criadas por ele e para ele.
> Ele é antes de todas as coisas,
>   e nele tudo subsiste (Colossenses 1.15-17).

Segundo: ele "estava no mundo". Deus escolheu livremente entrar em nosso mundo, respirar nosso ar e submeter-se a toda dor e a todo sofrimento na vida humana. Terceiro: "o mundo não o reconhece". A glória da segunda pessoa da Trindade estava oculta. Deus fez isso por meio de extrema humildade. E finalmente: "os seus não o receberam".

O amor não correspondido talvez seja uma das mais dolorosas experiências humanas. Amar alguém e não ser amado em retribuição representa uma mágoa profunda, uma dor excruciante.

Deus experimentou a dor do amor não correspondido. Algumas pessoas contestam a ideia de que Deus poderia sentir dor — ou sentir qualquer coisa que fosse. A narrativa dessas pessoas nos informa que Deus é impassível, o que significa que ele não pode comover-se. Essa narrativa parece proteger o poder de Deus. No entanto, se Deus ama os outros ("Deus tanto amou o mundo" [João 3.16]), ele necessariamente também sente a dor do amor não correspondido. Venho observando que as pessoas que têm dificuldade de acreditar que Deus poderia sentir dor ou alegria também têm dificuldade de acreditar que Jesus poderia sentir dor ou incerteza — ou até mesmo alegria. Jesus ria? Em alguma ocasião, ele se sentiu inconveniente? Alguma vez teve seus sentimentos feridos? As Escrituras declaram que Jesus experimentou a vida humana em sua plenitude; então, suspeito que ele sentiu todas essas coisas.

> Você alguma vez já teve seu amor não correspondido? Consegue imaginar Deus permitindo-se experimentar essa dor? Explique.

Meu amigo Rich Mullins escreveu certa vez uma bela canção sobre Jesus intitulada "Boy Like Me/Man Like You" [Um garoto como eu/Um homem como você]. Na canção, ele questiona se Jesus, quando criança, sentia as mesmas coisas que sentimos:

O Senhor cresceu com fome?
O Senhor cresceu rápido?
As meninas riam quando o Senhor passava?
O Senhor ficava querendo saber por que elas riam?...

O Senhor brincava com um cachorro e lambia seu focinho?
O Senhor brincava de espirrar água com uma mangueira?
O Senhor fazia anjos com a neve no inverno?...

O Senhor ficava com medo ao brincar de esconde-esconde?
O Senhor tentava não chorar quando arranhava o joelho?
O Senhor pulava entre as pedras de um lago tranquilo?[3]

Rich certo dia me contou que sua linha favorita nessa canção é a que fala sobre fazer anjos de neve. Por quê? Ele disse: "Acho lindo imaginar aquele que criou os anjos como um pequeno menino criando anjos com a neve".

> Como o autossacrifício pode ser um sinal de força, e não de fraqueza?

Creio que temos dificuldade com os sentimentos de alegria e dor de Deus porque acreditamos que eles estão abaixo da natureza poderosa de Deus. Sendo vulneráveis, pensamos, parecemos fracos. Mas talvez isso não seja verdade. Talvez a vulnerabilidade seja a verdadeira força. Talvez sacrificar a si mesmo pelo bem de outra pessoa não seja um sinal de fraqueza, mas o maior poder que o mundo já conheceu.

NÃO EXISTE AMOR MAIOR

A questão "Por que Deus fez isso por nós quando não o merecíamos?" ainda precisa ser considerada. Edward Yarnold explica: "Por que o Pai determinou [a crucificação]? [...] Poderia alguém sugerir que a resposta é que a natureza humana é feita à imagem do próprio Deus? A lei do grão de trigo reflete a verdadeira natureza de Deus: a glória de Deus reside em dar-se a si mesmo. Os membros do Corpo de Cristo, então, compartilham

---

[3] Letra e música de Rich MULLINS e BEAKER © 1991 Edward Grant/Kid Brothers of St. Frank. Usado com permissão de David Mullins, em nome da família de Rich Mullins. Tradução livre. [N. do T.]

a vida do Cabeça, o qual carrega uma coroa de glória que é também uma coroa de espinhos".[4]

No coração do Universo, reside este único princípio: *o autossacrifício é o ato mais sublime*. O grão precisa morrer para dar vida. O cosmo reflete a natureza do Deus que o criou. Jesus disse: "Ninguém tem maior amor do que aquele que dá a sua vida pelos seus amigos" (João 15.13).

Entregar-se a si mesmo é algo que se parece com a fraqueza. No entanto, é um aspecto do amor. Em 1Coríntios 13.4,5 lemos: "O amor é paciente, o amor é bondoso. Não inveja, não se vangloria, não se orgulha. Não maltrata, não procura seus interesses".

Muitos de nós convivemos com a falsa narrativa de que a força se encontra na dominação e no controle. Essas, porém, não são as formas mais elevadas de poder. O poder de Deus se aperfeiçoa na fraqueza (2Coríntios 12.9). O poder da semente emerge apenas quando a semente morre. O poder de Deus é demonstrado mais claramente na cruz.

> Como o autossacrifício é o ato mais sublime de todos?

Deus Filho entra em nosso mundo na mais inferior de todas as condições, vive uma vida absolutamente comum durante trinta anos, experimenta o que nós também experimentamos, mostra seu Pai ao mundo por meio de seu ensino e de sua vida, e então voluntariamente realiza o sacrifício definitivo: entrega sua vida pelo mundo inteiro, o Cordeiro de Deus tirando o pecado do mundo. "Eu me sacrificarei por seu bem" é o sentimento de Deus. E nós, em nossos pequenos momentos de sacrifício, sentimos algo

---

[4] YARNOLD, Edward. "The Theology of Christian Spirituality". In: JONES, Cheslyn; WAINWRIGHT, Geoffrey; YARNOLD, Edward (Ed.). **The Study of Spirituality**. Oxford: Oxford University Press, 1986. p. 15.

do que Deus sente (liberdade, libertação, regozijo, propósito, significado), mesmo que apenas por uns poucos momentos.

O QUE MAIS DEUS PODERIA TER FEITO POR NÓS?

O autor e orador Brennan Manning conta uma história maravilhosa sobre como recebeu o nome "Brennan". Durante a infância, seu melhor amigo era Ray. Os dois faziam tudo juntos: compraram um carro juntos quando jovens, namoraram em duplas, matricularam-se na mesma universidade e assim por diante. Eles até se alistaram no Exército juntos, foram juntos para o campo de batalha e juntos lutaram na linha de frente. Certa noite, sentado em uma vala, Brennan recordava os velhos tempos no Brooklyn enquanto Ray ouvia o amigo e comia uma barra de chocolate. De repente, uma granada deflagrada caiu na vala onde eles se entrincheiravam. Ray olhou para Brennan, sorriu, deixou cair a barra de chocolate ao chão e abraçou a granada com seu corpo. O artefato explodiu e matou Ray, mas a vida de Brennan foi poupada.

Quando Brennan se tornou padre, foi instruído a adotar o nome de um santo. Ele imediatamente pensou em seu amigo Ray Brennan. Então, adotou o nome Brennan.

> Quando falamos sobre o poder de Deus, frequentemente pensamos nos atos poderosos praticados por Deus, não na Encarnação e na Crucificação. Por quê?

Anos mais tarde, foi visitar a mãe de Ray no Brooklyn. Eles se sentaram tarde da noite para um chá quando Brennan lhe perguntou:

— Você acha que o Ray me amava?

A sra. Brennan levantou da poltrona, ergueu o dedo em riste para Brennan e gritou: — Jesus Cristo — o que mais ele poderia ter feito por você?!

Brennan naquele momento experimentou uma verdadeira epifania. Ele se imaginou diante da cruz de Jesus perguntando: "Deus realmente me ama?". E Maria, a mãe de Jesus, apontava para seu filho, dizendo: "Jesus Cristo — o que mais ele poderia ter feito por você?".

A cruz de Jesus é o modo de Deus fazer tudo o que ele poderia fazer por nós. Apesar disso, com frequência questionamos: "Deus realmente me ama? Sou importante para Deus? Deus se interessa por mim?" E a mãe de Jesus responde: "O que mais ele poderia ter feito por você?". Em nossos melhores momentos, aqueles que voluntariamente sacrificamos nossas próprias necessidades pelo bem dos outros, somos, como Edward Yarnold declarou, participantes da imagem de Deus. Fomos feitos à imagem de Deus, e ele voluntariamente se sacrificou pelos outros. Quanto mais viermos a conhecer esse Deus, e mais entendermos nossa verdadeira natureza, mais natural se tornará para nós o autossacrifício.

> Brennan Manning admitiu que questionava: "Deus realmente me ama?" mesmo conhecendo a história cristã. Você já questionou se Deus realmente o ama? Em caso positivo, qual seria o único caminho que o ajudaria a encontrar uma resposta clara?

Histórias de pessoas que se sacrificam pelo bem de outras calam fundo no espírito humano. Vemos tais histórias na literatura e no cinema. Em *O leão, a feiticeira e o guarda-roupa*, C. S. Lewis faz Aslam, o grande leão que é uma figura de Cristo, enganar a feiticeira (Satanás), oferecendo sua própria vida para pagar o preço pela transgressão de Edmundo. A feiticeira concorda alegremente, pensando ter derrotado Aslam e seu reino para todo o sempre. Mas a feiticeira não conhecia a "magia profunda", a saber, aquela por meio da qual um inocente que se dispõe a morrer por alguém culpado cria uma força energética mais poderosa que a morte. Esse é o grande paradoxo do autossacrifício.

O PARADOXO DO AUTOSSACRIFÍCIO

Quando Jesus deixou seu trono celestial e assumiu nossa humanidade e finalmente enfrentou a própria execução, ele deixou de ser o mais poderoso para tornar-se o mais fraco. Paulo explica isso usando as belas palavras de um antigo hino cristão:

> Seja a atitude de vocês a mesma de Cristo Jesus,
> que, embora sendo Deus,
>   não considerou
> que o ser igual a Deus
>   era algo a que devia apegar-se;
> mas esvaziou-se a si mesmo,
>   vindo a ser servo,
> tornando-se semelhante
>   aos homens.
> E, sendo encontrado
>   em forma humana,
> humilhou-se a si mesmo
>   e foi obediente até a morte,
>   e morte de cruz!
> Por isso Deus o exaltou
>   à mais alta posição
> e lhe deu o nome que está acima de todo nome,
> para que ao nome de Jesus
>   se dobre todo joelho,
> nos céus, na terra
>   e debaixo da terra,
> e toda língua confesse que Jesus Cristo é o Senhor,
> para a glória de Deus Pai (Filipenses 2.5-11).

Esse é o paradoxo do autossacrifício: ao se esvaziar, humilhar--se e tornar-se obediente, Jesus foi "altamente exaltado". Quando os discípulos perguntaram a Jesus quem era o maior no Reino de Deus, ele replicou: "Quem se faz humilde como esta criança, este é o maior no Reino dos céus" (Mateus 18.4). Os maiores são aqueles que servem. Essa narrativa é diretamente oposta aos ensinos do reino deste mundo, no qual os maiores são aqueles que são *servidos*.

> Descreva quando alguém fez um sacrifício por seu bem-estar. Pense em uma ocasião em que você se sacrificou pelos outros. Esse poderia ser um sinal de que você foi "feito à imagem de Deus"?

Perdoar alguém nos parece uma atitude fraca e vulnerável, mas no fundo revela força e poder. Quando as vítimas perdoam, elas se tornam vencedoras — não *sobre* os outros, mas *pelos* outros. Nossa fraqueza nos impede de sermos capazes de perdoar. Nosso medo nos afasta da entrega e do sacrifício. Mas as pessoas "em quem Cristo habita" aprendem a viver e a entregar-se como Jesus fez. Jesus não é apenas um modelo a imitar; ele é a fonte de força na qual podemos confiar. Nós podemos fazer todas as coisas por meio do Cristo que nos fortalece (Filipenses 4.13).

O CÉU DESCEU E BEIJOU A TERRA

Vamos retornar à minha irmã Vicki e sua questão: "Por que Jesus teve de morrer?". Jesus não teve de morrer; Jesus escolheu morrer. O Pai, o Filho e o Espírito Santo trabalharam em harmonia para alcançar um mundo caído e fracassado e assim restaurá-lo. Deus fez por nós o que nunca poderíamos ter feito. A cruz é um símbolo do amor e do sacrifício de Deus. Jesus assumiu e curou nossa condição humana. Ao fazer isso, demonstrou as profundezas do amor de Deus para com toda a criação.

Aqui está um princípio-chave do Reino de Deus: o que deixamos ir não se perde, mas se torna algo belo. Não é de surpreender que a manjedoura e a cruz sejam duas das mais belas imagens que este mundo já viu. Por meio da encarnação, Deus, que criou milhões de galáxias rotantes, escolheu tornar-se vulnerável. Ao fazer isso, o céu desceu e beijou a terra. Por meio da crucificação, Deus, que não podia morrer, sujeitou-se à morte. Ao fazer isso, atraiu o mundo inteiro à sua pessoa.

Depois de seis meses estudando e refletindo sobre a cruz, sobre a natureza de um Deus que se autossacrifica, Vicki me escreveu uma bela carta explicando como ela, aos 56 anos de idade, finalmente tinha entendido o significado da morte de Jesus. À carta, ela anexou um presente. Eu o abri e encontrei um belo trabalho de arte na forma de uma cruz, o qual orgulhosamente coloquei em uma parte de minha estante onde posso vê-lo regularmente.

Cada vez que olho de relance para aquela cruz, dou graças a Deus por voluntariamente ter morrido por nós. Jesus estava certo quando profetizou: "Mas eu, quando for levantado da terra, atrairei todos a mim" (João 12.32).

TREINAMENTO PARA A ALMA
Lendo o evangelho de João

Em *A conspiração divina*, Dallas Willard escreve: "A chave, então, para alcançar o Deus amantíssimo é *ver Jesus*, é contemplá-lo com os olhos da mente em toda a plenitude e com toda a clareza possível. É adorá-lo".[1] A melhor maneira de fazer isso é ler os Evangelhos. Nos quatro Evangelhos, encontramos Jesus, *vemos Jesus*, de maneiras impressionantes. Sempre me surpreendo em quanto Jesus parece real. O brilho desses antigos registros está em sua capacidade de apresentar Jesus de maneira vívida.

Nesta semana, quero você encontre algumas horas para ler o evangelho de João inteiro. Não é sempre que lemos um livro inteiro da Bíblia. Geralmente lemos pequenas partes ou fazemos uma breve devoção baseada em um único versículo. Ler um livro inteiro nos permite vivenciar a história completa, com começo, meio e fim. Alguém poderia perguntar: "Por que o evangelho de João, e não algum dos outros três?". João é um evangelho único. Começa com

---

[1] WILLARD, Dallas. **The Divine Conspiracy.** San Francisco: HarperSanFrancisco, 1998. p. 334. [**A conspiração divina**. São Paulo: Mundo Cristão, 2001.]

um prólogo que nos informa sobre o *Logos*, a Palavra ou o Filho de Deus, que "tornou-se carne e viveu entre nós" (João 1.14). João nos dá um vislumbre de Jesus com uma série de histórias singulares; no entanto, o mais importante é que o evangelho de João retrata claramente o relacionamento de Jesus com seu Pai celestial.

Sugiro dividir o evangelho de João em quatro partes e ler de cinco a sete capítulos de uma só vez. Conheço um grupo cujos participantes se alternam para ler o livro inteiro juntos, em voz alta. Tome cuidado com a tentação de transformar isso em um estudo bíblico consultando constantemente as notas de estudo (caso você tenha uma Bíblia de estudo ou outro material de ajuda). Se questões urgentes surgirem durante a leitura ("Por que Jesus transformou a água em vinho?"), uma boa ideia é anotá-las e buscar as respostas em outra ocasião. Por ora, eu gostaria que você simplesmente lesse o evangelho como se estivesse lendo uma história com começo, meio e fim. Para a maioria das pessoas, esse será um exercício desafiador e ao mesmo tempo grandemente recompensador.

PARA REFLETIR

Quer esteja estudando este material sozinho ou em companhia de outras pessoas, as questões a seguir podem ajudar você a refletir sobre sua experiência. Em ambos os casos, pode ser uma boa ideia responder a essas questões em seu diário. Se estiver reunido com um grupo, leve seu diário à reunião para ajudar você a recordar suas descobertas à medida que compartilha suas experiências.

1. Você conseguiu pôr em prática o exercício esta semana? Em caso positivo, descreva o que fez e como se sentiu.
2. O que você aprendeu sobre Deus ou sobre si mesmo por meio desse exercício?
3. Qual foi sua passagem, história ou versículo favoritos no evangelho de João?

Capítulo 8

Deus transforma

Muitos anos já tinham passado desde que vi Carey pela última vez, quando fiquei sabendo que ele estava dando aulas na escola dominical na nova igreja. Ele me telefonou e marcou um encontro, e eu fiquei feliz em receber sua visita. Carey, um bem-sucedido homem de negócios, estava vestido com seu costumeiro terno e gravata. Isso fazia destacar seu bracelete púrpura com as letras WWJD ("What Would Jesus Do?" ["O que Jesus faria?"]) grafadas.

Depois dos cumprimentos rotineiros, perguntei: — A que devo o prazer de sua visita?

O rosto de Carey se entristeceu repentinamente. Ele acabara de lembrar por que me procurara.

— Eu realmente preciso de sua ajuda — disse ele.

— Se eu puder ajudar... — repliquei.

— Bem, estou realmente confuso em meu caminho com Deus agora. Isso porque, quanto mais eu tento, pior fica. Minha família é ótima, meu trabalho está correndo muito bem, mas cheguei ao limite em meu relacionamento com Deus.

— Geralmente é um bom lugar para estar — comentei, mas Carey me devolveu apenas um olhar desconcertado.

— Para ser bem claro, estou perdendo a batalha contra o pecado. É sério. Eu viajo muito, passo tempo demais em hotéis. A pornografia se tornou uma tentação imensa, e de vez em quando sou vencido. Eu me sinto realmente culpado e peço perdão a Deus, prometendo nunca mais fazer isso novamente. Até confessei esse pecado à minha esposa, e ela ficou muito decepcionada, mas foi também bastante compreensiva. Ela sabe que isso não representa quem eu sou.

Eu o impedi de continuar e lancei uma pergunta direta: — Quem é você?

— Bem, eu sou um cristão.

— O que isso quer dizer? — eu o desafiei.

— Bem, quer dizer que eu creio em Jesus e estou tentando seguir seus mandamentos. Vou à igreja, estudo a Bíblia e faço minhas devocionais quando consigo separar uma hora aqui ou ali. Procuro não pecar, você sabe; estou tentando ser uma boa pessoa, mas sei que no fundo continuo sendo apenas um pecador.

— Não tenho dúvida de que você está tentando, Carey — eu disse. — E também sinto que você tem tentado por um longo tempo, com todo o seu empenho, mas isso não está ajudando.

— Exatamente — disse ele. — Pensei que, se eu usasse este bracelete que me continuasse lembrando de que preciso agir como Jesus, as coisas poderiam melhorar. Mas não melhoraram.

— Então, deixe-me ver se eu entendi direito. Você é um cristão, mas é também um pecador. É isso mesmo?

— Sim.

— Então, se você é um pecador, qual comportamento seria normal para você? — perguntei.

— Bem, creio que seria pecar. Mas isso não parece certo.

— E suspeito que isso também não faça você se sentir muito bem. Carey, a razão de isso não parecer certo é que não é certo mesmo. Sua abordagem está fracassando consistentemente, não está?

— Está — ele concordou.

— Talvez haja outra forma de agir. Eu ficaria feliz em passar algum tempo trabalhando com você nisso. Mas levará algum tempo. Não existe um jeitinho de abordar esse problema, nem uma pílula mágica que o resolva de uma hora para outra. Isso exigirá mudar sua mente, sua identidade e sua compreensão do que significa viver uma vida cristã.

— Soa como uma completa revisão geral — disse ele.

— Não, você já tem tudo aquilo de que precisa. O que você precisa é de uma nova abordagem. Se você estiver disposto a trabalhar nisso comigo, acredito que poderá descobrir que há um caminho muito melhor.

— No ponto em que estou, eu faria qualquer coisa. Pode contar comigo — disse Carey.

Carey e eu nos encontramos durante o curso nos seis meses seguintes, e passei a ensiná-lo sobre os princípios fundamentais encontrados neste capítulo. A situação de Carey não é diferente da de muitos homens e mulheres cristãos que estão tentando sinceramente mudar e fracassam repetidas vezes. O problema é a dificuldade de entender o impacto da vida ressurreta de Jesus. No capítulo 7, analisamos a natureza autossacrificial e autodoadora do Deus trino, especificamente na cruz. O sacrifício de Jesus foi o julgamento definitivo de Deus sobre o pecado, realizado a fim de reconciliar o mundo com Deus (2Coríntios 5.19). A história de nosso maravilhoso e bom Deus, entretanto, não termina na cruz. No terceiro dia, Jesus subiu aos céus e, tendo derrotado o pecado e a morte, agora oferece sua vida àqueles que o seguirem. O poder da ressurreição é o tema deste capítulo, uma verdade que poucos cristãos compreendem e na qual menos cristãos ainda confiam.

FALSA NARRATIVA: EU SOU UM PECADOR

A história de Carey não é incomum. Todos nós podemos identificar-nos com sua luta, embora nossas tentações e nossos pecados particulares possam ser diferentes. Nós, cristãos — aqueles que aceitamos Jesus como Senhor e almejamos segui-lo —, estamos diante de um conflito. Sabemos que o pecado é errado e jamais diríamos: "Hoje pretendo pecar". Apesar disso, acabamos pecando uma vez após outra, talvez não praticando chamados pecados capitais, mas aqueles pecados "menores" (falar mentiras brancas, cobiçar as posses do vizinho, cultivar a preocupação excessiva, julgar os outros). Não somos o que deveríamos ser.

A prevalência e, aparentemente, o domínio do pecado em nossa vida tornam fácil concluir, como Carey fez, que nossa identidade fundamental é a de "pecadores". Isso certamente parece mais realista do que nos considerarmos "santos". Quem, eu? Santo? Você deve estar brincando! Nossa experiência confirma a

> Quando você ouviu a narrativa de que "Eu sou um pecador"? Quando a utilizou?

narrativa de que somos absolutamente pecadores. Isso parece o mais lógico: eu sou um pecador, e é essa a razão pela qual eu peco tanto.

Renomados teólogos, pessoas com certeza mais inteligentes que nós, também concluíram que somos fundamentalmente pecadores. Ao formular seu famoso *slogan* da Reforma, Martinho Lutero disse que os cristãos são "*simul justus et peccator*", o que quer dizer: "ao mesmo tempo justo e pecador".

Esse foi o modo de Lutero combater a ideia de que nossas obras fazem algo para merecermos a salvação. Somos salvos, justificados e reconciliados com Deus — e ao mesmo tempo somos pecadores.

Embora a ideia de que cristãos são pecadores pareça verdade e tenha sido articulada por teólogos do passado e do presente, cheguei à conclusão de que esse ensino é falso. É falso porque não é a narrativa apresentada no Novo Testamento. Também é falso porque é absolutamente ilógico, contraditório e conflitante. Como David C. Needham questiona: "O que poderia ser mais frustrante que ser um cristão que pensa ser, antes de mais nada, um pecador autocentrado, embora seu propósito na vida seja produzir a santidade centrada em Deus?".[1]

Esse era o conflito no qual Carey se encontrava, embora ele não o descrevesse dessa forma. Ele me confessou que era um pecador, apesar de estar profundamente aborrecido por causa de seu pecado. Isso seria como uma macieira estar profundamente aborrecida por causa das maçãs que continuam crescendo em seus ramos. O ensinamento de que somos fundamentalmente pecadores leva ao fracasso. Acredito que a maioria dos cristãos tem pouco entendimento a respeito de sua identidade em Cristo, o que resulta em uma grande dose de frustração e em uma vida cristã superficial.

---

[1] NEEDHAM, David C. **Birthright**. Portland, Ore.: Multnomah Press, 1979. p. 69.

Carey me procurou porque estava decepcionado com seu próprio comportamento. Mas, quando olhei para ele, vi algo mais. Vi um filho de Deus, a pessoa em quem Cristo vive, um habitante da eternidade comprado pelo sangue de Cristo e inspirado pelo poder e pela presença de Deus, alguém que, apesar disso, estava vivendo uma vida triste, dominada pelo medo e pela derrota. O que eu desejava para Carey não era apenas a interrupção de um comportamento indesejado, mas uma vida mais profunda em Cristo — a plenitude, o entusiasmo, o poder e a alegria que ele não sabia que possuía. Para fazer isso, precisamos passar um bom tempo estudando a Bíblia juntos. Sua narrativa "Eu sou um pecador" estava profundamente arraigada em sua mente. Apenas uma dose maciça de textos bíblicos poderia ajudá-lo a perceber que essa narrativa era falsa.

A NARRATIVA DO NOVO TESTAMENTO: EU SOU SANTO

Como temos feito no decorrer deste livro, precisamos substituir as narrativas falsas pela narrativa de Jesus. Destacamos anteriormente que Deus nos reconciliou para que pudéssemos viver com ele em seu Reino. Esse é o começo do processo de nos tornarmos as pessoas santas pelas quais Deus tanto espera. Greg Jones descreve a mudança de narrativa necessária:

> Ser perdoado por Deus, iniciar uma vida no Reino de Deus, é ser transferido de uma narrativa — a narrativa do pecado que causa a morte — para a narrativa da reconciliação de Deus em Cristo. E nessa segunda narrativa somos perdoados de nossos pecados para que possamos aprender a nos tornar santos mediante uma vida inteira de arrependimento e perdão.[2]

---

[2] JONES, L. Gregory. **Embodying Forgiveness: A Theological Analysis**. Grand Rapids: Eerdmans, 1995. p. 159.

Jones está certo; nossas narrativas precisam mudar primeiro. A narrativa de que "Eu sou um pecador terrível" precisa ser substituída pela narrativa que estabelece: "Em Cristo, não sou mais definido pelo pecado. Estou reconciliado com Deus. O pecado foi derrotado".

Jesus não somente perdoa o pecado de todas as pessoas de todos os tempos; ele cancela o poder do pecado. Isso não significa que todas as pessoas estão salvas. Apenas aquelas que clamam por seu nome experimentam esse perdão.

Deus não quer apenas reconciliar-nos; ele quer transformar-nos. Ele retira não apenas a *culpa* do pecado, mas também o *poder* do pecado. Aqueles que são seguidores de Cristo não apenas usufruem de sua obra na cruz, mas de fato participam, pela fé, da crucificação. A esse respeito, Paulo diz: "Pois sabemos que o nosso velho homem foi crucificado com ele, para que o corpo do pecado seja destruído, e não mais sejamos escravos do pecado" (Romanos 6.6). Nós não somente fomos perdoados; participamos da morte e ressurreição de Cristo. Eu não estou tentando viver uma vida sem pecado como a vida de Jesus. Jesus, que viveu uma vida sem pecado, agora vive em mim.

> Com que frequência você tem sido exposto à mensagem de que é alguém "em quem Cristo habita"?

A expressão original traduzida por "em Cristo" ou "no Senhor" ocorre 164 vezes nas epístolas de Paulo. Esse fato não nos deveria fazer perguntar o que significa estar "em Cristo"? O significado disso é obscurecido, acredito eu, pela narrativa dominante que afirma: Jesus está lá; eu, o pecador, estou aqui. O Novo Testamento não separa Jesus de seus seguidores. Ao contrário, aqueles que confiam em Jesus são também por ele habitados. Os cristãos são as pessoas em que Cristo habita.

Os cristãos não são apenas pecadores perdoados, mas uma nova espécie: pessoas habitadas por Jesus, possuindo a mesma vida eterna que ele possui. O Novo Testamento é absolutamente claro nesse ponto. Várias passagens bíblicas afirmam isso. Observe cuidadosamente a linguagem usada para descrever a verdadeira identidade de um seguidor de Cristo:

> A eles quis Deus dar a conhecer entre os gentios a gloriosa riqueza deste mistério, que é *Cristo em vocês*, a esperança da glória (Colossenses 1.27).

> Quando vocês estavam mortos em pecados e na incircuncisão da sua carne, Deus os *vivificou com Cristo*. Ele nos perdoou todas as transgressões (Colossenses 2.13).

> Fui crucificado com Cristo. Assim, já não sou eu quem vive, mas *Cristo vive em mim*. (Gálatas 2.20).

> Portanto, agora já não há condenação para os que estão *em Cristo Jesus* (Romanos 8.1).

> Acaso não sabem que *o corpo de vocês é santuário do Espírito Santo* que habita em vocês, que lhes foi dado por Deus, e que vocês não são de si mesmos? (1Coríntios 6.19).

> Mas se *Cristo está em vocês*, o corpo está morto por causa do pecado, mas o espírito está vivo por causa da justiça (Romanos 8.10).

> Vocês morreram, e agora a *sua vida está escondida com Cristo em Deus* (Colossenses 3.3).

Embora essas sejam apenas algumas das passagens bíblicas que descrevem o cristão como aquele que está "em Cristo", elas foram suficientes para mostrar a Carey que talvez sua premissa estivesse errada: "Eu nunca havia pensado que Cristo pudesse estar em mim". Desde então, tenho descoberto que muitos cristãos também não.

CRIATURAS INTEIRAMENTE NOVAS

Uma vez que Carey percebeu e se convenceu de que o Novo Testamento ensina repetidamente que Cristo habita nos cristãos, sua próxima pergunta foi clara e direta:

— O que significa estar em Cristo?

Para responder, ele e eu começamos a examinar um versículo específico de modo mais detalhado: "Portanto, se alguém está *em Cristo, é nova criação*. As coisas antigas já passaram; eis que surgiram coisas novas!" (2Coríntios 5.17).

Carey levantou algumas questões baseadas nessa passagem:

— Como Deus fez isso? O que significa exatamente uma "nova criação", e que diferença isso faz em nossa vida?

Respondi: — Tenho certeza de que você sabe como uma borboleta se torna uma borboleta. Essa é uma ótima analogia. A borboleta já foi uma lagarta, um verme. Ela só conseguia arrastar-se e não podia voar. Mas ela se transforma em um casulo — uma crisálida, cuja palavra-raiz, apropriadamente, é "Cristo". E ela emerge como uma borboleta, completamente transformada. O antigo passou. O novo chegou. No passado, ela era oprimida pela gravidade; agora ela é capaz de voar. Os cristãos já estiveram sob o reino do pecado, mas agora podem viver em liberdade.

— Eu realmente gosto dessa analogia, Jim — disse ele. — Acho que entendi.

— E você percebe por que é tão doloroso para mim que tantos cristãos não entendam isso? Quando ouço um cristão dizer: "Eu sou apenas um pecador salvo pela graça", tenho vontade de retrucar que isso faz tanto sentido quanto uma borboleta dizer: "Eu sou apenas um verme com asas".

Nós dois rimos. Então, concluí: — Como seguidor de Cristo, você foi completamente reconciliado com Deus. Deus não lida mais com você com base em seu pecado. Você está perdoado para sempre. Você também é uma criação completamente nova — sua velha natureza morreu, e agora você vive com Cristo. Finalmente, você nunca morrerá. Jesus derrotou a morte ao ascender aos céus, e ele transmite a você essa nova vida eterna.

Você é uma pessoa completamente nova, capaz de experimentar o céu agora e ser totalmente glorificado em seu último sopro de vida. Isso parece um maravilhoso e bom presente, que somente poderia vir de um Deus maravilhoso e bom.

> Descreva seu nível de consciência de que a vida de Cristo em você é a chave para sua identidade cristã.

— Entendo o que você está dizendo. Mas por que eu ainda luto com o pecado. Por que uma borboleta desejaria agir como um verme? — Carey perguntou.

O PECADO PERMANECE, MAS NÃO PRECISA REINAR

Em Cristo, somos ressuscitados com Jesus para uma nova vida. Recebemos uma nova identidade — na qual Cristo habita. Recebemos o Espírito Santo que habita em nós. Somos revestidos de Cristo (Colossenses 3.10). Nossa cidadania está agora no céu. Nosso espírito agora clama "Aba! Pai", como um filho amado de Deus (Romanos 8.15). No entanto, embora espiritualmente sejamos novas criaturas, ainda vivemos em nosso antigo *corpo*, que abriga os remanescentes do pecado. Ainda mantemos nossas antigas narrativas, nossas antigas lembranças e nossos antigos hábitos. Ainda vivemos em um mundo que se coloca em posição diametralmente oposta à verdade de Deus. É por isso que continuamos lutando com o pecado mesmo depois de ter sido regenerados.

A Bíblia descreve isso como um conflito do Espírito com a carne. A palavra "carne" (do grego *sarx*) refere-se a viver separado de Deus. *Sarx* é o que eu produzo quando estou desconectado de Deus e vivendo por minha própria conta.[3] Paulo escreve: "Pois a carne deseja o que é contrário ao Espírito; e o Espírito, o que é contrário à carne. Eles estão em conflito um com o outro, de modo que vocês não fazem o que desejam" (Gálatas 5.17). Paulo estava escrevendo com o propósito de regenerar os cristãos, as pessoas "em quem Cristo habita". A batalha entre a *sarx* e o Espírito não termina quando descemos às águas do batismo — na verdade, é precisamente aí que ela começa.[4]

---

[3] Estou usando propositadamente a palavra *sarx* em vez de *carne* porque "carne" está intimamente associada a nosso corpo físico, o que pode levar a uma visão negativa do corpo. Também evitei usar a expressão "natureza pecaminosa" que a *NIV* oferece nas notas explicativas como alternativa a *sarx*, porque a ideia de uma "natureza pecaminosa" pode levar as pessoas a assumir que a *sarx* é fundamental à nossa natureza.

[4] Antes da conversão a Cristo, não tínhamos nenhum conflito real entre a *sarx* e o Espírito — a *sarx* possuía todo o controle. Mas, quando nos entregamos a Cristo e passamos a ser habitados pelo Espírito, a batalha começa. Agora nossa nova identidade está em conflito com a antiga identidade. Embora sejamos novas criaturas, muito de nossa velha identidade ainda permanece conosco.

John Wesley, fundador do movimento metodista, explica a situação da seguinte forma: "Cada nascido de novo em Cristo é santo, embora não completamente santo. Ele está salvo do pecado; mas não inteiramente salvo: o pecado permanece, mas não reina [...]. Fomos 'reconciliados com Deus por meio do sangue na da cruz': e nesse momento [...] a carne não tem mais domínio sobre nós".[5] O reformador João Calvino escreve de maneira semelhante: "Assim, enquanto permanecemos confinados a esta prisão de nosso corpo, traços do pecado habitarão em nós; mas, se acreditarmos firme e verdadeiramente na promessa dada a nós por Deus no batismo, o pecado não terá domínio nem governo sobre nós".[6]

Nesta vida, traços do pecado ainda permanecem conosco. Estamos inseparavelmente ligados à nossa carne não redimida. Nosso corpo é mortal. Não apenas os ossos e os músculos, as glândulas e os órgãos do sentido, mas também a mente e a emoção. Este vasto, incrivelmente intrincado e eletrônico complexo químico que é cultural, genética, diabólica (algumas vezes), geográfica e patologicamente influenciado pela mortalidade.[7]

Não precisamos ser controlados pela *sarx*, mas somos suscetíveis às suas demandas quando estamos desconectados de Cristo. Repetidos atos pecaminosos resultam de necessidades

---

[5] WESLEY, John. "On Sin in Believers". In: OUTLER, Albert (Ed.). **The Works of John Wesley** 3.4.3, 7. Nashville: Abingdon, 1984. v. 1.

[6] McNEILL, John T. (Ed.). **Institutes of the Christian Religion** 4.15.11. Philadelphia: Westminster Press, 1960.

[7] NEEDHAM, **Birthright**, p. 79.

que desejam ser satisfeitas e não são. Nós — aqueles que não estamos mais debaixo do pecado (Romanos 6.14) — apesar disso voltamos a pecar para descobrir o que sentimos estar faltando.

Isto é importante porque muitos cristãos, como Carey, ficam abalados por causa da sua capacidade de pecar *após* a conversão. Embora o pecado não seja realmente normativo antes da conversão (nem mesmo o não convertido diz sobre o pecado: "Ei, isso realmente melhora a vida!"), o pecado pós-conversão é ainda mais desconcertante. Quando temos consciência desse conflito e o antecipamos, isso nos ajuda a lidar com ele; não somos pegos de surpresa. Estar prevenidos nos ajudará a estar preparados.

> Explique como, embora o pecado permaneça no cristão, seu poder foi destruído e ele não precisa mais reinar em nós.

John Wesley disse que, a fim de nos protegermos do pecado, precisamos estar conscientes de que seus vestígios permanecem. A falsa noção de que estamos imunes ao pecado, Wesley acreditava, "suprime toda a vigilância sobre essa natureza pecaminosa, sobre a Dalila que nos disseram ter-se ido, embora ela ainda repouse contra nosso peito. Tal doutrina arrebata o escudo aos crentes fracos, priva-os de sua fé e destarte deixa-os expostos a todos os assaltos do mundo, do Diabo e da carne".[8] Logicamente, a melhor maneira de nos prevenir contra a vitória da tentação sobre nós é apegar-nos ao Cristo que em nós habita. Jesus disse que precisamos permanecer nele.

---

[8] WESLEY, **Works of John Wesley** 13.5.1. Usamos aqui a tradução de Nicodemos Nunes para os 52 sermões publicados pela Imprensa Metodista de 1981 e 1985. [N. do T.]

UM NOVO MODO DE VIVER: PERMANECER EM CRISTO

Uma vez que sou agora uma nova pessoa, uma nova criatura, preciso viver de uma nova maneira também. Com alguém em quem Jesus habita, agora posso viver como Jesus viveu: em absoluta dependência de Deus, em um relacionamento íntimo e profundo com ele, confiando totalmente em Deus — *não em minha força de vontade* — para viver a vida cristã. Jesus usou a imagem de uma videira e seus ramos para descrever esse novo modo de viver:

> "Permaneçam em mim, e eu permanecerei em vocês. Nenhum ramo pode dar fruto por si mesmo, se não permanecer na videira. Vocês também não podem dar fruto, se não permanecerem em mim. Eu sou a videira; vocês são os ramos. Se alguém permanecer em mim e eu nele, esse dará muito fruto; pois sem mim vocês não podem fazer coisa alguma" (João 15.4,5).

Jesus (a videira) é a força de vida que flui em nós (os ramos), produzindo dessa forma frutos (amor, alegria, paz etc. [Gálatas 5.22]). Separados da videira, os ramos não podem frutificar. O poder de gerar frutos não está no ramo, da mesma forma que o poder de viver uma vida cristã não está em nós. Na verdade, separados de Jesus, não podemos fazer nada.

É por isso que Paulo disse: "Não sou eu quem vive, mas Cristo vive em mim" (Gálatas 2.20). Quando nos separamos de Cristo, sua vida não flui mais em nós, da mesma forma que o ramo separado da videira não tem mais vida fluindo através dele. Mas nós somos partícipes e participantes reais da natureza divina de Cristo: "Ele nos deu as suas grandiosas e preciosas promessas, para que por elas vocês se tornassem participantes da natureza divina" (2Pedro 1.4). Não sou Deus (nem mesmo um deus), mas recebi uma nova natureza. Minhas faculdades foram preenchidas com a vida e o poder de Cristo.

Depois que expliquei todas essas coisas, Carey perguntou: — Então, a chave é permanecer em Cristo. Como fazemos isso?

Eu expliquei: — Permanecer significa descansar e confiar em Jesus, que não está fora de nós, julgando-nos, mas dentro de nós, capacitando-nos. Quanto maior a presença e o poder de Cristo conosco, mais naturalmente permaneceremos. Precisamos acertar nossa narrativa e praticar exercícios espirituais para aprofundar nossa consciência da verdade. No final das contas, o caminho de Jesus é fácil. Ele declarou que seu jugo é suave, e seu fardo, é leve (Mateus 11.30). Tipicamente, tentamos fazer aquilo que acreditamos que Jesus quer de nós — como você fez com seu bracelete — por nossa própria força. Não podemos fazer isso. Mas podemos fazer todas as coisas naquele que nos fortalece (Filipenses 4.13).

> Como permanecemos em Cristo? Você já fez isso antes? Como isso nos pode ajudar na luta contra a tentação?

Ninguém declarou melhor essa verdade que James S. Stewart em seu clássico livro *A Man in Christ* [Um homem em Cristo]:

> "Cristo em mim" significa algo diferente do peso de um ideal inatingível [...]. "Cristo em mim" significa Cristo me apoiando internamente, Cristo como a motivação subjacente que me faz seguir adiante, Cristo me dando uma vida inteira de maravilhoso equilíbrio e encorajamento, e livrando-me de todo fardo [...] não como algo que você tem de suportar, mas como alguma coisa para a qual você foi criado.[9]

---

[9] STEWART, James S. **A Man in Christ**. Vancouver: Regent College Publishing, 1935. p. 169.

CACHORROS DO CAMPO E CACHORROS DA CIDADE

Você sabe a diferença entre os cachorros do campo e os cachorros da cidade?[10] Essa é uma ilustração maravilhosa sobre a nossa nova identidade em Cristo e sobre como podemos viver de maneira cristã. Os cachorros do campo vivem em amplos espaços abertos e têm muita liberdade para perambular sem destino. Eles podem mergulhar no riacho, lutar com um gambá, dormir em uma pastagem iluminada pelo sol ou cavar em busca de alimento. E a princípio fazem tudo isso. Mas, passado um tempo, o cachorro do campo volta para o mesmo velho lugar, dia após dia: a varanda do dono. Ele já experimentou a "vida lá fora", como se costuma dizer. Adquiriu algumas marcas e ganhou alguns arranhões e agora sabe muito bem o que toda aquela vastidão significa. Mesmo assim, o cachorro do campo está contente em ficar perto do dono. Apesar de tudo, ele sempre pode ganhar um biscoito ou um afago carinhoso de seu dono.

O cachorro da cidade é bem diferente. Ele vive preso em uma residência e está proibido de sair. Seu único objetivo na vida é "cair fora"! Ele aprendeu quando e como as portas se abrem, e como arranhá-las na esperança de escapar. No momento em que vê uma pequena fresta entreaberta, o cachorro da cidade escapa rua afora. Talvez seu dono tenha de correr atrás dele ou pegar o carro e procurar o fugitivo por todo o bairro, gritando seu nome e implorando que ele volte. Se o dono encontrar o cachorro, provavelmente terá de suborná-lo com um biscoito ou capturá-lo com uma correia a fim de trazê-lo de volta para o lar.

---

[10] Estou em débito com Bob George e seu ministério, De Pessoa para Pessoa, nesta ilustração, que ouvi em uma conferência cristã clássica em 1993.

Aqueles que encaram a vida cristã como um conjunto de regras e leis do tipo "faça isso" e "não faça aquilo" são como o cachorro da cidade. Minha experiência é que muitos cristãos se sentem limitados e confinados, e adorariam escapar às suas regras. Eu mesmo já fiz isso. Aqueles que entendem sua identidade em Cristo são como o cachorro do campo. Têm consciência de que não estão sob a lei, e que podem pecar, mas, tendo pecado antes, sabem o que há lá fora. Eles encontram mais felicidade vivendo perto do dono. Um escritor ortodoxo descreve isso da seguinte maneira: "A vida espiritual não é uma vida de leis e preceitos, mas uma vida de participação, afeição e amor, uma vida mesclada e misturada com Deus".[11]

> Quais das metáforas para nosso relacionamento com Cristo (videira e ramos, templos nos quais o Espírito habita, borboletas, ou cachorros do campo) explica melhor o conceito de permanecer em Cristo e traz mais encorajamento a você?

DESTINADOS A ABRIGAR A PLENITUDE DE DEUS

O que eu disse anteriormente talvez tenha parecido chocante a alguns: os cristãos "podem pecar". Isso não significa que eles devam pecar. Não fomos feitos para o pecado; nós morremos para ele. Mas certamente podemos (e iremos) pecar. Como cristãos, não estamos mais debaixo da lei (Romanos 6.14). Nenhum conjunto de regras ou listas do que fazer e do que não fazer define um cristão. E a culpa é um motivador pouco efetivo ao longo do tempo. Mas isso não significa que podemos fazer tudo aquilo que queremos, como Paulo explica: " 'Tudo me é permitido', mas nem

---

[11] NELLAS, Panayiotis. **Deification in Christ**. New York: St. Vladimir's Seminary Press, 1997. p. 136.

tudo convém. 'Tudo me é permitido', mas eu não deixarei que nada me domine" (1Coríntios 6.12).

Eu sou livre para escolher o que fazer e o que não fazer. Mas preste atenção no seguinte: *Essas escolhas devem ser feitas à luz de quem eu sou, não para determinar quem eu sou.* Eu sou alguém em quem Cristo habita, e isso deve guiar minhas decisões. Essa atividade será proveitosa para mim? Essa atividade me escravizará? Esse é o tipo de pergunta que nos fazemos agora. Hoje somos guiados pelo Espírito, e esse é o segredo para a santidade. Compreender nossa verdadeira identidade e agir de acordo com ela é um motivador muito mais poderoso do que a culpa.

Eu perguntei a Carey nesse ponto: — Será que assistir a todo aquele lixo televisivo é realmente compatível com quem você é agora?

— Não. Antes, quando eu pensava que era um pecador corrupto, a resposta era sim. O que eu vejo agora é que a pessoa que pensa que é um pecador pode desligar a TV, mas com certo pesar e um desejo de ligar novamente. A pessoa que sabe que está em Cristo pode aprender a desligar a TV sem nenhum desejo remanescente.

Nesse momento, entendi que ele captou a mensagem.

Uma de minhas histórias favoritas é sobre João de Kronstadt. Ele foi um padre da Igreja ortodoxa russa no século XIX, em uma época na qual o abuso de álcool era desenfreado. Nenhum dos padres se aventurava a sair de suas igrejas para ajudar as pessoas. Eles esperavam que as pessoas os procurassem. João, compelido pelo amor, saía às ruas. Testemunhas contaram que ele levantava da sarjeta bêbados malcheirosos, carregava-os em seus braços e lhes dizia: "Isso está abaixo de sua dignidade. Você foi destinado a abrigar a plenitude de Deus". Amo essa frase: "Você foi destinado a abrigar a plenitude de Deus". Ela descreve você e eu. Saber que essa é nossa verdadeira identidade é o segredo para caminhar em santidade.

O PODER DE DEUS EM NOSSA DESTRUIÇÃO

Como João de Kronstadt, podemos dizer ao derrotado: "Sua destruição não define quem você é". Você é alguém em quem Cristo habita. Você foi destinado a abrigar a plenitude de Deus. Nós o saudamos como o pai saudou o filho pródigo, restaurando seu direito de primogenitura, mesmo que ele tivesse dificuldade em aceitá-lo. Mas nós oferecemos a mesma mensagem a pessoas como Carey — os bons e justos "irmãos mais velhos", aqueles que tanto se empenharam e falharam. Àqueles que lutam para ser perfeitos, que vivem com uma sensação profunda de fracasso e autodepreciação, a mensagem é a mesma: Você é alguém em quem Cristo habita. Sua glória não está naquilo que você faz, mas em quem você é.

Tanto os derrotados quanto os legalistas precisam saber de um paradoxo ainda mais profundo. É em nossa fraqueza que o poder de Deus é revelado. O derrotado acha que não tem nada a oferecer; o legalista acha que sua perfeição é o que o torna alguém de valor. Ambos, todavia, estão errados. Nós ministramos por meio de nossas fraquezas. Curamos os outros por meio de nossa vulnerabilidade porque é aí que Cristo brilha mais intensamente. Então podemos oferecer a única coisa de que as pessoas realmente precisam: Jesus. Henri Nouwen escreve:

A questão não é: Quantas pessoas levam você a sério? Quanto você conseguirá executar? Você pode mostrar-me alguns resultados?

Mas: Você está apaixonado por Jesus? [...] Em nosso mundo de solidão e desespero, há uma imensa necessidade de homens e mulheres que conheçam o coração de Deus; um coração que perdoa, cuida, estende a mão e quer curar.[12]

Compartilhei com Carey a verdade de que o poder de Deus não se aperfeiçoa na perfeição (o que é uma ilusão e uma desilusão), mas na fraqueza (2Coríntios 12.9). Eu o encorajei a confiar que os outros querem conhecer e experimentar o mesmo Cristo que ele conhece, aquele que ele descobriu quando parou de tentar merecer sua aceitação e simplesmente a recebeu.

Meu amigo e colega Patrick Sehl é diretor de ministério de *campus* na Friends University, onde eu ensinava. Patrick é um mestre das ilustrações visuais. Desejando comunicar o paradoxo de como ministramos aos outros por meio de nossas fraquezas, ele pegou uma caixa de papelão e pediu a seus alunos que "acabassem com ela". Eles fizeram furos na caixa, chutaram-na para todos os lados e arrancaram pedaços da caixa. A seguir, Patrick colocou a caixa sobre uma mesa à frente de toda a turma. Por baixo da caixa, colocou uma lâmpada conectada a uma fonte de energia. Ele apagou a luz da sala de aula e acendeu a lâmpada que estava por baixo da caixa. Não era preciso dizer mais nada. Todos entenderam. A luz de Jesus brilha claramente através de nossas feridas.

> Em sua vida, você tem experimentado o paradoxo de que a fraqueza e a vulnerabilidade permitem Cristo brilhar mais claramente? Ou tem experimentado isso por meio da vida de alguém que você conhece? Explique.

---

[12] NOUWEN, Henri. **In the Name of Jesus: Reflections on Christian Leadership**. New York: Crossroad, 2002. p. 37-38.

DAR O QUE NÓS TEMOS: O CRISTO EM NÓS

O Novo Testamento começa a tratar da vida cristã dizendo-nos quem somos e de quem somos; e, então, nos encoraja a viver de uma maneira adequada a essa identidade. Carey conseguiu compreender isso, e sua vida mudou como consequência. Sua luta particular era com a luxúria, e eu falei mais especificamente com ele sobre essa tentação — de onde ela vem e como lidar com ela. O mesmo processo, porém, funciona para qualquer um dos pecados que nos afligem. O segundo livro desta trilogia trata especificamente dessas lutas, de como enfrentar a ira, a cobiça, a mentira, a avareza, a preocupação e semelhantes. Ou seja, não importa o vício, nossa identidade em Cristo é o fundamento para lidar com ele. Leva tempo para entender isso. É difícil mudar as velhas narrativas. *A melhor abordagem é nos deliciar em nossa identidade em Cristo, praticando as disciplinas espirituais que aprofundam essa verdade e fazendo parte de uma comunidade que a reforçará.*

Carey me procurou alguns anos mais tarde. Seu sorriso não nos deixou durante toda a conversa. Ele disse: — Percebi isso no dia em que estava fazendo os preparativos de uma viagem para fora da cidade. Eu costumava ficar nervoso e orava: "Senhor, não quero fracassar de novo". Mas dessa vez eu não tinha mais ansiedade. Quando cheguei ao quarto do hotel, caminhei até a televisão, fechei as portas do console e sorri. Murmurei para mim mesmo: "Eu sei quem sou. Sou filho de Deus. Abrigo a plenitude de Deus". Nunca mais fui tentado a ligar a TV, nem mesmo para assistir ao noticiário. Não estou sendo arrogante. Sei que o pecado permanece em mim, como você me ensinou. Só que ele não reina mais em minha vida. Naquela viagem, usei meu tempo livre para ler e descansar. Eu sabia que podia pecar, e sabia que Deus ainda assim me amaria. Mas eu não *queria* pecar. Foi quando percebi que isso finalmente tinha criado raízes em mim. Nunca imaginei que poderia ser tão fácil.

Carey continuou: — E o melhor de tudo foi que encontrei coragem para compartilhar minha história com algumas outras pessoas. A princípio, tive medo de ser julgado. Mas não foi o que aconteceu. Em vez disso, muitas pessoas me procuraram perguntando se eu podia ajudá-las. Não muito tempo depois, iniciei um grupo de capacitação para jovens que lutam contra a luxúria. Nós nos encontramos semanalmente para nos encorajar. Lembramos uns aos outros quem somos. As mudanças que eu tenho visto são dramáticas.

Deus gosta de mudar nomes. De Abrão para Abraão. De Saulo para Paulo. E ele muda o seu e o meu nome: de pecador para santo, de alguém que vive em isolamento para alguém em quem Cristo habita. Ele pega aquilo que está quebrado e o repara por sua graça. E ele alcança os outros através daquelas feridas nas quais sua graça é mais visível em nós.

TREINAMENTO PARA A ALMA
Solitude

O objetivo central deste capítulo foi ajudar você a entender que é um cristão em quem Cristo habita. No entanto, como é bem provável que tenhamos construído nossa autoimagem com base em narrativas equivocadas ("Eu sou realmente bom", "Eu sou realmente ruim", "Eu sou bonita" ou "Eu sou gordo"), precisamos engajar-nos em uma atividade que nos ajudará a experimentar esta nova narrativa essencial: a solitude.

Solitude (ou solidão) é passar um tempo separado das outras pessoas. Geralmente experimentamos a solidão quando não há ninguém por perto. Mas não é desse tipo de solidão que estou falando. A solidão efetiva é um tempo que passamos intencionalmente com nós mesmos e com Deus. Então, Deus pode fazer algo poderoso dentro de nós na área de identidade. Dallas Willard observa:

> Quando entramos em solitude e silêncio, paramos de fazer pedidos a Deus. É suficiente saber que Deus é Deus e que nós somos dele. Aprendemos que temos uma alma, que Deus está aqui, e que este mundo é "a casa de meu Pai". Esse conhecimento de Deus substitui progressivamente a hiperatividade e

autoimportância que conduzem a maioria dos seres humanos, incluindo os religiosos.[1]

Quando nos afastamos das pessoas por um período de tempo, não há ninguém a quem impressionar, ninguém para dar opiniões sobre nós, nenhuma imagem a sustentar ou a superar. Permita-me dar um exemplo. Durante alguns anos, eu fazia viagens ocasionais para uma casa em um local um pouco retirado, para meio dia de solitude, descanso e oração. Um aviso em cima de uma mesa na casa dizia:

BEM-VINDO A ESTE LUGAR DE SOLITUDE
SINTA-SE LIVRE PARA TIRAR SUAS MÁSCARAS

Porque não havia ninguém ao redor, eu podia ser eu mesmo. Não havia necessidade de ser inteligente, ou divertido, ou brilhante. E, depois de ficar cara a cara comigo mesmo, eu encontrava Deus. E Deus — não o mundo, não meus amigos nem meus familiares — começava a moldar minha identidade.

UMA PALAVRA AOS EXTROVERTIDOS

Alguns de nós sem dúvida se sentem ansiosos em buscar a solitude. Um amigo e colega que mencionei anteriormente, Patrick Sehl, disse-me: "De todos os exercícios que você me ensinou ao longo dos anos, esse foi o mais difícil para mim". Patrick é uma pessoa extremamente extrovertida; ele adora estar com as pessoas e detesta ficar sozinho. Ele também admite que luta com o défice de atenção — sua mente divaga por toda parte. Enquanto ele está com

---

[1] WILLARD, Dallas. Prefácio. In: BARTON, Ruth Haley. **Invitation to Solitude and Silence.** Downers Grove, Ill.: InterVarsity Press, 2004. p. 10-11.

outras pessoas ou trabalhando em algum projeto, sua mente permanece focada. No entanto, quando está em solitude, seu pensamento foge ao controle. Ao longo dos anos, aprendi que pessoas como Patrick são a maioria. Para os introvertidos — as pessoas que encontram muita paz e conforto na solitude —, ficar sozinhos por uma ou duas horas é uma alegria. Uma mulher na turma que eu ensinava disse: "Isso é tudo — de uma a duas horas? Geralmente preciso de cinco horas de solitude para realmente conectar-me com Deus". Tipo de personalidade e temperamento individual desempenham um papel significativo na solitude, talvez mais que para qualquer outro exercício espiritual.

> "Precisamos encontrar Deus, e ele não pode ser encontrado no barulho e na inquietação. Deus é amigo do silêncio [...]. Nós precisamos do silêncio para ser capazes de tocar almas. O essencial não é o que dizemos, mas o que Deus diz a nós e por meio de nós."
> MALCOLM MUGGERIDGE[2]

Isso não significa que os extrovertidos devam evitar a solitude. É exatamente o oposto. A diferença está na abordagem. Se você é como Patrick, seja generoso consigo mesmo no início. Comece com um recolhimento de apenas cinco a dez minutos. Escolha algo gostoso para beber, um lugar agradável onde sentar e relaxar, e permaneça em silêncio por todo o tempo que for capaz. Enquanto estiver experimentando a solitude, sinta-se livre para ouvir uma música de fundo ou realize alguma tarefa simples que o mantenha focado, como ir à lavanderia, passar roupa ou lavar a louça. Não seja legalista a respeito dessa prática. Se você não se sentir à vontade, faça uma oração de agradecimento e volte ao que estava fazendo antes.

---

[2] Essa citação é extraída do maravilhoso estudo bíblico **Solitude & Silence**, de Jan JOHNSON. Downers Grove, Ill.: InterVarsity Press, 2003. p. 27.

O objetivo é aprender a ficar mais confortável sozinho consigo mesmo e com Deus.

SUA IDENTIDADE EM CRISTO

Durante seu tempo de solitude, você pode querer ler os seguintes versículos sobre nossa identidade em Cristo.[3] Leia cada versículo lentamente e passe alguns minutos refletindo a respeito. Não se apresse nem tente completar tudo rapidinho. Apenas deixe que sua mente se demore nas verdades da Bíblia que tratam de sua verdadeira identidade. Isso focará seus pensamentos e aprofundará as verdades discutidas neste capítulo.

- Sou filho de Deus: "Contudo, aos que o receberam, aos que creram em seu nome, deu-lhes o direito de se tornarem filhos de Deus" (João 1.12).
- Fui justificado e tenho paz com Deus: "Tendo sido, pois, justificados pela fé, temos paz com Deus, por nosso Senhor Jesus Cristo" (Romanos 5.1).
- Estou livre da condenação: "Tendo sido, pois, justificados pela fé, temos paz com Deus, por nosso Senhor Jesus Cristo" (Romanos 8.1).
- Estou vivificado com Jesus: "Quando vocês estavam mortos em pecados e na incircuncisão da sua carne, Deus os vivificou com Cristo. Ele nos perdoou todas as transgressões" (Colossenses 2.13).
- Não posso ser separado do amor de Deus: "Pois estou convencido de que nem morte nem vida, nem anjos nem demônios, nem o presente nem o futuro, nem quaisquer poderes, nem altura nem profundidade, nem qualquer outra coisa na criação será capaz

---

[3] Muitos desses versículos são excertos da obra **Ministering the Steps to Freedom in Christ**, de Neil ANDERSON. Ventura, Calif.: Gospel Light, 1998. p. 38. Acrescentei alguns.

de nos separar do amor de Deus que está em Cristo Jesus, nosso Senhor" (Romanos 8.38-39).

- Estou sentado com Cristo no reino celestial: "Deus nos ressuscitou com Cristo e com ele nos fez assentar nos lugares celestiais em Cristo Jesus" (Efésios 2.6).
- Estou no Espírito, não na carne: "Entretanto, vocês não estão sob o domínio da carne, mas do Espírito, se de fato o Espírito de Deus habita em vocês" (Romanos 8.9).
- Jesus é minha vida: "Quando Cristo, que é a sua vida, for manifestado, então vocês também serão manifestados com ele em glória" (Colossenses 3.4).
- Estou sendo transformado à imagem de Cristo: "E todos nós, que com a face descoberta contemplamos a glória do Senhor, segundo a sua imagem estamos sendo transformados com glória cada vez maior, a qual vem do Senhor, que é o Espírito" (2Coríntios 3.18).

PARA REFLETIR

Quer esteja estudando este material sozinho quer em companhia de outras pessoas, as questões a seguir podem ajudar você a refletir sobre sua experiência. Em ambos os casos, pode ser uma boa ideia responder a essas questões em seu diário. Se estiver reunido com um grupo, leve seu diário à reunião para ajudar você a recordar suas descobertas à medida que compartilha suas experiências.

1. Você conseguiu pôr em prática o exercício esta semana? Em caso positivo, descreva o que fez e como se sentiu.
2. O que você aprendeu sobre Deus ou sobre si mesmo por meio desse exercício?
3. A solitude nos permite desenvolver a capacidade de "tirar nossas máscaras" e simplesmente ser quem verdadeiramente somos na presença de Deus. Isso descreveria sua experiência com este exercício? Explique.

Capítulo 9

Como fazer picles

Uma noite, meu filho Jacob e eu decidimos ir a um concerto que seria realizado na igreja. Saímos de casa mais cedo para passar na cafeteria do bairro e pedir uma soda para ele e uma xícara de café para mim. Nos últimos meses, pensei muito sobre a necessidade de desacelerar para aproveitar cada momento da vida, de modo que eu estava feliz por termos criado alguma margem e podermos passar aqueles momentos juntos — em vez de seguir com nossa pressa habitual.

Uma vez que estávamos sentados com nossas bebidas, fiquei tranquilo, apreciando aquele momento. Mas Jacob engoliu seu refrigerante, começou a mexer-se e, com a impaciência adolescente típica, disse-me:

— Vamos, papai.

— Mas nós ainda temos quinze minutos.

— Então, vamos... a algum outro lugar — ele implorou.

— Por quê? Quero relaxar e apreciar meu café.

— Por favor, isso aqui é chato.

Eu vinha pensando muito na "doença da pressa" dos americanos, sempre afobados, e nas causas por trás dessa postura. A pressa é uma atitude interior que não é necessariamente causada por circunstâncias externas; o tédio e o aborrecimento são alguns de seus sintomas. A solução para o problema é contraintuitiva: o ato de estar presente onde você está.

— Vamos fazer um acordo — eu disse. — Nós podemos ir assim que você notar cinco coisas sobre este local que nunca tenha percebido.

Ele estivera na mesma cafeteria meia dúzia de vezes.

— O que você quer dizer? — perguntou.

— Olhe à sua volta. Veja as paredes, o teto e descubra cinco coisas nas quais você nunca realmente prestou atenção.

Ele olhou para o teto. — Bem, eu nunca tinha percebido aquela coisa amarela — disse, apontando para o toldo.

— Muito bom — eu disse. — Vá em frente.

Ele olhou ao redor. — Há um avental pendurado naquela parede ali. Antes, eu não tinha reparado nisso. Ah, e olhe aquela figura de cachorro pendurada na outra parede.

— Já foram três, faltam duas.

— Hum, bem... esses lustres marrons — também nunca tinha notado. E... o piso... tem ladrilhos nas cores cinza e preta. Eu também nunca tinha olhado para eles.

— Você conseguiu! — eu disse.

Contudo, aconteceu algo maravilhoso. Em vez de querer ir embora imediatamente, ele continuou observando à sua volta. Seu rosto, outrora ansioso, agora parecia tranquilo, até mesmo interessado. Talvez fosse o fato de que a situação toda se transformara em um jogo, talvez não. Talvez ele estivesse na verdade descobrindo algo que estava bem debaixo de seu nariz o tempo todo.

— OK, Jake. Você sabe que seu estranho pai está sempre tentando ensinar algo a você. Qual é o propósito deste pequeno exercício?

Ele fez uma pausa de alguns segundos e então disse: — Pare e observe as características do mundo.

— Brilhante! — respondi. — Por que isso é tão importante?

— Acho que é porque o mundo tem um monte de coisas que vale a pena notar.

Quanta sabedoria! Eu estava muito orgulhoso de meu filho.

— Você está certo — eu disse. — E eu também queria mostrar a você o que tenho aprendido nos últimos meses. Você sabe, nós ficamos ansiosos e dizemos que estamos entediados, mas o que realmente está acontecendo é que não estamos prestando atenção; não estamos vivendo no momento presente. E fazemos isso porque pensamos que o momento presente não é interessante. Mas é! Você acabou de descobrir que, se parar e observar as características do mundo, pode deixar de sentir-se entediado e começar a aproveitar a vida.

— Sim, eu entendi, pai. Podemos ir agora?

Tudo bem. Aprendemos lentamente. Mas pelo menos foi um começo.

FALSA NARRATIVA: O MODO DE MARTA É O MELHOR

Jesus não tinha muito a dizer especificamente sobre pressa, hiperatividade e distração, mas há uma narrativa nos Evangelhos que trata diretamente desses tópicos: a história das irmãs

Marta e Maria. Elas viviam em Betânia junto com o irmão, Lázaro, e aparentemente Jesus se hospedava com eles quando estava na cidade. Quando Jesus e seus discípulos chegaram para o jantar, Marta entrou em pânico. Ela tinha muita coisa a fazer e pouco tempo disponível — uma fórmula certeira para a pressa. Sua irmã decidiu não ajudá-la com os preparativos, preferindo, em vez disso, sentar-se aos pés de Jesus e ouvir seus ensinamentos. Marta confrontou Maria sobre esse comportamento e pediu a Jesus que repreendesse a irmã por não a ajudar: "*Marta, porém, estava ocupada com muito serviço*. E, aproximando-se dele, perguntou: 'Senhor, não te importas que minha irmã tenha me deixado sozinha com o serviço? Dize-lhe que me ajude!'" (Lucas 10.40).

Como vemos, sobrecarga de trabalho, atividades em excesso e preocupação exagerada não são questões exclusivas da sociedade atual. Marta foi confrontada com o mesmo dilema que enfrentamos todos os dias. Assumiremos também coisas demais e ficaremos preocupados com as coisas erradas, ignorando assim as mais importantes?

A NECESSIDADE DE CORRER

A hiperatividade e a distração não são novidades, mas parece que em nossos dias nós as aperfeiçoamos. Mais que qualquer outra época na História, tornamo-nos obcecados com a produtividade, a velocidade e a eficiência. O economista e escritor Jeremy Rifkin observa com respeito aos Estados Unidos:

> Somos uma nação apaixonada pela velocidade. Dirigimos rápido, comemos rápido, fazemos amor rápido. Somos obcecados pela quebra de recordes e por soluções instantâneas. Nós aceleramos nossa vida, condensamos nossas experiências e

comprimimos nossos pensamentos. Somos a cultura rodeada por memorandos e comerciais. Enquanto outras culturas acreditam que a pressa é inimiga da perfeição, nós estamos convencidos de que a velocidade reflete agilidade, poder e sucesso. Os norte-americanos estão sempre apressados.¹

Acredito que ele está certo. E, enquanto nos movemos cada vez mais rapidamente, aproveitamos cada vez menos a vida.

A velocidade pode ser maravilhosa. Eu adoro a velocidade da internet. O fato de poder sair de casa pela manhã e chegar a Los Angeles a tempo de almoçar por lá é realmente espantoso. Não, a velocidade não é o problema. Nosso amor a ela, sim. Nossa impaciência tem tornado a vida uma grande confusão. E, como resultado, nossa vida espiritual é prejudicada. Quanto mais nos esforçamos, mais nos tornamos espiritualmente rasos e profundamente desapontados — não exatamente a fórmula para uma vida saudável. Mais uma vez, Jeremy Rifkin põe o dedo em nossa ferida:

> Qual é a relação entre estar apressado, observar as coisas à sua volta e o contentamento?

> É irônico que em uma cultura tão comprometida em poupar tempo sintamo-nos cada vez mais privados daquilo que mais valorizamos [...]. A despeito de nossa alegada eficiência [...] parecemos ter menos tempo para nós mesmos e ainda menos tempo para aos outros [...]. Apressamos o ritmo de vida apenas para nos tornarmos menos pacientes. Nós nos tornamos mais organizados, porém menos espontâneos, menos alegres. Estamos mais bem preparados para agir no futuro, porém somos menos capazes de aproveitar o presente e refletir sobre o passado [...] hoje estamos

---

¹ RIKFIN, Jeremy. **Time Wars**. New York: Simon & Schuster, 1987. p. 71.

rodeados de tecnologias que poupam nosso tempo e aumentam nossa eficiência, apenas para ficar sobrecarregados com planos que não conseguimos realizar, compromissos que não conseguiremos honrar, agenda que não conseguimos respeitar, e prazos que não conseguimos cumprir.[2]

Como chegamos a esse ponto?

MONGES E RELÓGIOS

O relógio foi inventado pelos monges.[3] Aparentemente eles dispunham de muito tempo. Inventaram o relógio porque queriam controlar seus períodos de oração e trabalho. A Regra de São Benedito, escrita no século VI, inclui as seguintes palavras: "A ociosidade é inimiga da alma, portanto toda a comunidade precisa estar ocupada em períodos definidos com os trabalhos manuais e em outros períodos com a *lectio divina*".

De acordo com Benedito, há duas atividades que elevam a alma — trabalhar e orar. E elas certamente o fazem. O relógio permitiu aos monges ajustar com precisão suas atividades diárias. Cada dia, um monge acompanhava o relógio e tocava o sino nas horas determinadas para o trabalho e a oração.

A ideia de que "a ociosidade é inimiga da alma"[4] se expandiu para todos os monastérios. Os monges acreditavam que o trabalho duro era uma forma de servir a Deus. Mas, embora eles trabalhassem duro, também passavam de quatro a cinco horas diárias lendo e orando, o que é suficiente para eliminar o estresse. Eles tinham

---

[2] Ibid., p. 19-21.

[3] DE GRAZIA, Sebastian. **Of Time, Work and Leisure**. New York: Random House, 1994. p. 44.

[4] **The Benedictine Handbook**. Norwich: Liturgical Press, 2003. p. 69.

o relógio, mas não tinham a doença da pressa. Em poucos séculos, isso começaria a mudar, e durante o século XX a doença da pressa se tornaria a enfermidade espiritual número um de nossos dias.

Em 1370, um relógio público foi erguido em Colônia, na Alemanha. A cidade aprovou uma lei estabelecendo as horas de trabalho diário e pela primeira vez definindo horários de recolher. Assim, o tempo do relógio começou a "ganhar vantagem sobre o tempo natural".[5] O tempo natural é orgânico: claro e escuro; inverno, primavera, verão e outono; sol e lua marcam a passagem do tempo. O relógio, por outro lado, é uma medida artificial que divide o tempo natural em segundos, minutos e horas.

Os monges inventaram o relógio, mas não podemos culpá--los por nossa obsessão com a velocidade. A tecnologia é a culpada. Com a invenção da máquina, surgiu uma visão totalmente nova para o trabalho e a produtividade. A máquina é o modelo de eficiência: ela trabalha sem pausa e sem descanso até quebrar. Aparentemente, criamos as máquinas para ajudar a tornar-nos trabalhadores melhores e mais produtivos, mas houve também consequências não premeditadas. Nós "inventamos a máquina e depois a tomamos como nosso modelo de vida".[6]

Em vez de encararmos a nós mesmos como organismos — flexíveis e fluidos, destinados ao descanso e à recreação, à alegria e à aprendizagem —, passamos a ver os seres humanos como nada mais que outro tipo de máquina. E, quanto mais parecidos com máquinas formos, melhor. A contemplação e o lazer se tornaram menos importantes. A seguir, Frederick Wilson Taylor transformou a narrativa ainda mais profundamente.

---

[5] HONORÉ, Carl. **In Praise of Slowness**. San Francisco: HarperSanFrancisco, 2004. p. 22.
[6] Ibid., p. 16.

Na primeira década do século XX, Taylor levou um cronômetro para a fábrica da Midvale Steel, na Filadélfia. Com a aprovação do proprietário, Taylor dividiu cada ocupação profissional em uma série de tarefas e mediu o tempo em que cada trabalhador realizava aquelas tarefas. Ele tentou então encontrar meios de realizar as tarefas de forma mais eficiente — ao que chamou de "o sistema". Os trabalhadores odiaram o sistema, mas a produtividade decolou. Taylor escreveu estas assustadoras palavras em seu tratado *Os princípios da administração científica*, de 1911. "No passado, o homem estava em primeiro lugar; no futuro, o sistema deverá ocupar essa posição".[7]

> Qual é a conexão entre a tecnologia e a doença da pressa?

A TIRANIA DO URGENTE — ATÉ MESMO EM NOSSAS IGREJAS

Taylor estava certo sobre o futuro; o "sistema" certamente ocupa o primeiro lugar hoje. Sem hesitação alguma, nós nos curvamos ao deus da produtividade e sacrificamos nossa saúde para apaziguá-lo. " 'O sistema de Taylor' continua firme entre nós; ele remonta à ética da produção industrial".[8] Esta noite, resolvi entrar em um restaurante *fast-food* em vez de fazer o pedido pela janela do *drive-through*. Por quê? A fila de carros estava longa demais, e eu queria meu *fast-food* rápido. Enquanto impacientemente esperava por minha comida, notei uma placa digital atrás do caixa. A placa informava: "TEMPO MÉDIO DE SERVIÇO: 45 SEGUNDOS".

---

[7] CARR, Nicholas. "Is Google Making Us Stupid?". **The Atlantic**, p. 62, July-August 2008.

[8] Ibid.

O gerente gritava palavras de ordem para cada pessoa na linha de montagem, implorando que elas se apressassem. O motivo? O salário dele varia em função do tempo médio de serviço. O restaurante está construído sobre a narrativa dominante de Frederick Taylor. O adágio de Benjamin Franklin, "Tempo é dinheiro", também faz parte da falsa narrativa. Tempo, logicamente, não é dinheiro. A narrativa por trás da citação de Franklin é que a produtividade determina o valor. Como resultado, vivemos sob a "tirania do urgente".[9] Isso dá luz à moderna obsessão com a multitarefa, ou seja, fazer mais de uma coisa ao mesmo tempo.

O mantra de nosso mundo orientado para a competitividade é: "Você vale apenas aquilo que produz". Isso leva a uma narrativa de que aquilo que produzimos determina nosso valor; portanto, quanto mais produzirmos, maior valor teremos. O que fizemos ontem são notícias velhas; o que importa é o que estamos fazendo hoje.

> Você vive sob a tirania do urgente? Por que sim ou por que não?

Recentemente li a respeito de um novo fenômeno chamado "onitarefa". Os praticantes da onitarefa acreditam que podem fazer mais que algumas coisas ao mesmo tempo; eles acreditam que podem fazer praticamente *tudo* ao mesmo tempo! Somos culpados desse problema em nossas igrejas. Muitos cristãos atribuem sua falta de margem a estar sobrecarregados de tarefas eclesiásticas. Com uma leve adaptação, as igrejas algumas vezes operam sob a mesma narrativa de Fred Taylor: *A igreja (não o sistema) é mais importante que a pessoa.* Conheço meia dúzia de mulheres e homens cristãos

---

[9] V. HUMMEL, Charles E. **Tyranny of the Urgent**. Downers Grove, Ill.: InterVarsity Press, 1994.

comprometidos que estão exaustos por serem superatarefados em suas igrejas. Porque eles fazem as coisas direito, são solicitados a participar de mais comissões e a ajudar em mais programas. Eles se tornam tão ocupados que finalmente entram em colapso.

Satanás nem sempre aparece como um diabo vermelho, um monstro horripilante ou um irrecusável objeto de desejo sexual. Algumas vezes, ele simplesmente insere em nossa mente uma falsa narrativa (competitividade é igual a valor). Uma vez que essa narrativa esteja firmemente plantada, somos levados à destruição sem perceber. A narrativa pode soar quase cristã. Por isso, ela passa despercebida. Podemos até pensar que estamos agindo muito bem. Mas um dia acordamos e vemos que as coisas mais importantes para nós — nosso tempo com Deus e com nossa família, nossa saúde física e emocional — foram sacrificadas no altar da competitividade (ou do sucesso de nossa igreja). E não temos nada para mostrar por esse sacrifício maravilhoso.

Como a maioria das falsas narrativas, essa em particular contém uma dose de verdade. Com certeza, é bom ser produtivo e fazer as coisas bem. A Bíblia é cheia de admoestações sobre o trabalho diligente. E, quando as pessoas se filiam a uma igreja, elas se comprometem a servi-la com suas orações, sua presença, seus dons e seu trabalho. Mas podemos estar certos de que Deus não nos chama para compromissos exagerados. Nós mesmos fazemos isso ao seguir a narrativa dominante de que o sucesso e a competitividade são mais importantes que o bem-estar de nossa alma.

PROFETAS REALMENTE RUINS

Em 1967, os futuristas declararam a um subcomitê do Senado norte-americano que, por volta de 1985, graças aos avanços tecnológicos, os americanos trabalhariam vinte e duas horas por semana, vinte e sete semanas por ano.[10] O trabalhador comum se aposentaria aos 38 anos de idade! *Eles predisseram que teríamos muito mais tempo disponível.* A realidade é que desde 1973 o tempo de lazer nos Estados Unidos *foi reduzido* em 37%. Como isso é possível?

Ninguém é capaz de estocar o tempo; podemos apenas gastá-lo. Não conseguimos prender o tempo em uma garrafa para usá-lo mais tarde. A tecnologia realmente reduz o tempo que devemos gastar para realizar certas tarefas. Graças ao micro-ondas, posso cozinhar uma batata muito mais rapidamente que eu faria usando um forno convencional. Editar um artigo em um computador é muito mais rápido do que redigitá-lo em minha máquina de escrever. O *e-mail* me permite contatar um amigo que vive em outro país em uma questão de segundos, enquanto o correio tradicional (também conhecido como "correio lesma", do inglês *snail mail*) levaria semanas para alcançá-lo.

> Dê alguns exemplos de como a tecnologia realmente diminuiu o seu tempo de lazer.

Então, onde foi parar o tempo *extra* (não poupado)? Nós o utilizamos com outras coisas. Todos esses avanços tecnológicos *aumentaram as expectativas* do que somos capazes de fazer, e por isso acrescentamos muitos novos itens à nossa agenda. Aumentamos nossa carga de trabalho para nos manter no mesmo grau ou à frente dos outros. Se falharmos em aumentar o nível, ficaremos para trás, seremos menos produtivos e, por consequência, nós nos sentiremos menos importantes.

---

[10] SWENSON, Richard A. **Margin**. Colorado Springs: NavPress, 1992. p. 148.

COMO NOSSA ENERGIA É GASTA

O grande poeta John Milton nos brindou com a expressão "Quando eu considero como minha energia é usada". O idoso Milton escreveu essas palavras assim que ficou cego. Ele olhou para trás em sua vida e ponderou como havia empregado sua luz, sua energia, enquanto ainda a possuía. Vamos examinar como investimos nosso tempo. Durante a vida, um norte-americano gasta em média[11]

- seis meses esperando em semáforos
- oito meses abrindo correspondência do tipo mala direta
- um ano procurando coisas na bagunça da mesa
- dois anos tentando telefonar para pessoas que não atendem ao chamado
- três anos em reuniões
- cinco anos esperando em filas

Em um único dia, um norte-americano comum

- passará quarenta e cinco minutos no trânsito
- será interrompido 73 vezes
- receberá 600 mensagens publicitárias
- assistirá a quatro horas de televisão

Não importa se nossa atenção é menor que a de um mosquito em um *cappuccino* triplo. E o que temos para mostrar de toda essa "produtividade" agregada? Problemas relacionados à saúde crescem às alturas, e familiares passam cada vez menos tempo juntos. Na verdade, pais que trabalham fora passam em média duas vezes

[11] Ibid., p. 149-150.

mais tempo lidando com *e-mails* que brincando com seus filhos.[12] Em seu excelente livro *In Praise of Slowness* [Em louvor à desaceleração], Carl Honoré conta como o livro intitulado *One-Minute Bedtime Stories* [Histórias de um minuto para dormir] se autopromoveu: "Para ajudar os pais a lidar com bebês que exigem muita atenção, vários autores condensaram os contos de fadas clássicos em breves declarações de sessenta segundos".[13]

ALGUMAS COISAS NÃO PODEM SER APRESSADAS

Os aspectos mais importantes de nossa vida não podem ser apressados. Não podemos amar, pensar, comer, rir ou orar com pressa. Alguém certa vez me disse: — Você sabe soletrar amor? T-E-M-P-O. Meus filhos querem meu tempo mais que qualquer outra coisa. Minha filha, Esperança, contou que seus dias favoritos são aqueles em que passamos o sábado em casa. Nós construímos fortes, tomamos sorvete e jogamos. Eu toco guitarra, e ela adora (não importa que eu erre uma nota, o que ocorre com frequência). Podemos cozinhar juntos — nada de *fast-food*! Dedicar meu tempo a ela significa dizer: — Eu amo você. Você é importante para mim.

Reservar tempo é especialmente crítico para nossa espiritualidade. *Em nossa vida espiritual, não podemos fazer nada importante com pressa.*

Quando estamos com pressa — o que deriva do excesso de atividades —, não conseguimos viver com consciência e gentileza. Felizmente, Deus nunca nos chama, como Richard Foster gosta de dizer, "para uma vida de palpitação febril". Sobrecarregados e

---

[12] HONORÉ, **In Praise of Slowness**, p. 9.
[13] Ibid., p. 2.

apressados, podemos pensar que estamos sendo muito eficientes e que por isso Deus está orgulhoso de nós. Deus sabe muito bem que nossa vida assoberbada nos afasta daquilo que é mais precioso.

A NARRATIVA DE JESUS:
O MODO DE AGIR DE MARIA É O MELHOR

Vamos voltar à história de Marta e Maria para ver o que Jesus pode ter a dizer sobre a palpitação febril. Depois que Marta pediu a Jesus que admoestasse Maria por não ajudar com os afazeres, Jesus gentilmente repreendeu Marta: "Marta! Marta! Você está preocupada e inquieta com muitas coisas; todavia *apenas uma* [coisa] *é necessária*. Maria escolheu a boa parte, e esta não lhe será tirada" (Lucas 10.41,42).

Eu digo que Jesus repreendeu *gentilmente* Marta porque ele pronunciou seu nome duas vezes: "Marta, Marta". Ele fez isso porque Marta não merecia uma crítica tão dura. Marta tinha boas intenções. Ela estava tentando ser uma boa anfitriã para seu convidado.

Muitos de nós não precisamos eliminar coisas ruins de nossa vida para desacelerar e encontrar o equilíbrio: "O que devo manter então? A leitura da Bíblia ou algo que me proporciona pequenos prazeres, como uma pequena dose de uísque ao final da tarde ou um respeitável charuto cubano após o jantar?". Precisamos escolher entre múltiplas atividades atraentes. Simplesmente não temos tempo suficiente para fazer tudo o que gostaríamos. Quando acrescentamos coisas demais à nossa vida, algo precisa ser eliminado. Infelizmente, as pessoas ocupadas em geral se livram das coisas mais importantes: os relacionamentos interpessoais, as práticas espirituais e o autocuidado (por exemplo, alimentar-se direito e exercitar-se fisicamente).

Jesus disse a Marta: "Apenas uma [coisa] é necessária". Essa coisa é ouvir Jesus. Jesus não disse que essa "uma coisa" era obedecer a seus mandamentos (embora isso também seja muito importante). A primeira coisa, a única coisa necessária, era ouvir seus ensinamentos. O mundo tenta afastar-nos dessa coisa importante. O modo de agir de Marta era bom, mas o modo de agir de Maria era melhor. Ela analisou a situação e avaliou o que era mais importante. Jesus estava em sua casa, e estar com ele era a coisa mais importante que ela poderia fazer.

Você se lembra do poema de George Herbert (veja as p. 128-129)? A alma diz a Deus: "Meu Amado, agora servirei". E Deus responde: "É necessário que te sentes e saboreies minha comida". Marta foi induzida e distraída pela necessidade de servir. Em si mesmo, o serviço não é algo ruim, mas nem sempre é a melhor coisa a fazer. Naquela hora, naquele dia, a melhor coisa que Maria poderia ter feito era sentar-se aos pés de Jesus e ouvir. Muitos de nós estamos tentando servir a Deus sem ouvir seus ensinamentos. Haverá tempo para servir, mas ouvir Jesus sempre tem a precedência.

O RITMO DE JESUS

Jesus nos deu o melhor exemplo de uma vida equilibrada. Nos Evangelhos, vemos Jesus retirando-se para ficar sozinho (nove vezes apenas no evangelho de Lucas). Jesus vive sua vida em um ritmo perfeito, em um tempo apropriado, o tempo todo. Ele não se apressa. Ele nunca se precipita.

Aprecio demais esta passagem do evangelho de Marcos:

> De madrugada, quando ainda estava escuro, Jesus levantou-
> -se, saiu de casa e foi para um lugar deserto, onde ficou
> orando. Simão e seus companheiros foram procurá-lo e, ao

encontrá-lo, disseram: "Todos estão te procurando!" Jesus respondeu: "Vamos para outro lugar, para os povoados vizinhos, para que também lá eu pregue. Foi para isso que eu vim". Então ele percorreu toda a Galileia, pregando nas sinagogas e expulsando os demônios (Marcos 1.35-39).

Observe o equilíbrio entre contemplação e ação, ou, nas palavras de John Wesley, "piedade e misericórdia". Antes do amanhecer, Jesus procurou um lugar silencioso para orar. Ele passou tempo sozinho com seu Aba celestial.

Seus discípulos, contudo, entraram em pânico quando perceberam que Jesus estava ausente, especialmente à luz de todo o trabalho que precisava ser feito. "Todos estão te procurando", afirmou Pedro. Jesus simplesmente respondeu: "Vamos". Sem hesitação, ele proclamou as boas-novas ao alcance do reino e demonstrou seu poder por meio de sinais e maravilhas. Veja o equilíbrio perfeito? Jesus descansa e relaxa, mas ele também trabalha e serve.

A identidade de Jesus foi aprofundada em períodos de silêncio e solitude, em companhia de seu Pai celestial. Esse era seu segredo para equilibrar contemplação e ação, descanso e trabalho.

> Jesus viveu uma vida de perfeito equilíbrio entre o descanso e a ação. Descreva seu "equilíbrio".

Ele sabia quem era. E, para aqueles de nós "em quem Cristo habita", o ritmo deve ser o mesmo. Quando passamos tempo em silêncio e repouso e contemplação, sentados aos pés de Jesus, ganhamos força para agir com sabedoria diante da agitação e do tumulto de um mundo extremamente confuso. Ao desacelerar, podemos ouvir o Espírito sussurrar que somos amados, e então começamos a refletir a glória do Cristo que está dentro de nós. Tornamo-nos o tipo de pessoa da qual este mundo cansado e agitado mais necessita.

ELIMINE SEM PIEDADE A PRESSA

Quando meu amigo John Ortberg assumiu uma nova e exigente função ministerial, ele chamou Dallas Willard para aconselhá-lo. Com caneta e papel em mãos, John estava pronto para registrar por escrito meia dúzia ou mais de dicas importantes. Dallas começou dizendo: "Elimine a pressa totalmente de sua vida". John anotou isso no papel.

— OK. E o que mais? — John indagou.

— Não há mais nada. Faça só isso, John, e você se sairá bem.

Dallas sabia que John já tinha tudo de que precisava para ser eficiente em sua nova função. John é um dos seguidores de Cristo mais brilhantes e comprometidos que já conheci. Ele tem um grande conhecimento da Bíblia, uma compreensão extensa da teologia e do ministério, anos de prática em formação espiritual, e o Espírito Santo como seu guia. John não precisava de mais conhecimentos ou novas técnicas. Mas ele precisava vencer o inimigo número um da vida espiritual: a doença da pressa.

Por que é tão crucial eliminar a pressa de nossa vida? Quando eliminamos a pressa, tornamo-nos presentes ou, mais especificamente, presentes no momento presente, em toda a sua glória. Tornamo-nos conscientes do ambiente ao nosso redor. Vemos as cores e cheiramos as essências; ouvimos os sons mais delicados e podemos sentir o vento bater em nossa face. Em resumo, nós "aparecemos" e experimentamos plenitude de vida. E isso inclui algo não menos importante, que é estar na presença de Deus. Para viver bem como cristão, preciso estar constantemente conectado a Deus. A pressa não faz parte de uma vida bem vivida.

É possível agir rapidamente sem se apressar. Se eu tiver apenas dez minutos para ir de uma extremidade a outra do aeroporto, posso caminhar rapidamente sem me apressar. A pressa é uma condição interna, baseada no medo: "Se eu não cumprir meu plano, tudo será arruinado. A vida como eu conheço estará acabada!". Mas, quando eu caminho no ritmo de Deus, aprendo a dizer: "Se eu não cumprir meu plano, estarei bem. Deus está comigo. Tudo acabará bem. Enquanto isso, moverei minhas pernas tão rápido quanto conseguir, mas meu coração permanecerá feliz e tranquilo".

"A pressa", Carl Jung disse, "não é *do* Diabo; ela *é* o Diabo".[14] Quando estamos apressados, não podemos experimentar a vida em sua plenitude; nem podemos entrar em contato com nosso verdadeiro eu, com nossos verdadeiros sentimentos. E, ainda mais importante, nós passamos na frente de Deus. Quando desaceleramos, permitimos a nós mesmos ser encontrados, encontrados pela vida e encontrados por Deus. Quando praticamos a desaceleração, passamos a caminhar no ritmo de Deus. Quando eliminamos a pressa (a nossa porção, em resposta ao gracioso chamado de Deus para uma vida mais profunda), o Espírito vem sobre nós e nos fortalece.

O REINO EM MEU QUINTAL

Certo dia, em meio ao meu esforço para desacelerar e me tornar presente, decidi tirar uma tarde livre para tentar viver "tranquilamente", como Henry David Thoreau definiu. Fazia um calor atípico para o inverno, de modo que me sentei em uma cadeira confortável em meu quintal. Logicamente, as folhas tinham caído havia muito tempo, mas uma árvore em especial continuava frondosa. Nunca prestei muita atenção nessa árvore e, considerando a época do ano, eu não teria gastado mais que alguns instantes no quintal. Mas lá estava ela, recebendo toda a minha atenção.

---

[14] Citado em **Celebração da disciplina. O caminho do crescimento espiritual**. São Paulo: Vida, 2008. p. 45.

Após alguns minutos, notei algo estranho naquela árvore além de suas folhas: ela apresentava uma infinidade de pequeninos frutos. Comecei a pensar por que tal árvore estava cheia de cerejas naquela época do ano. Como minha mente divagava durante a oração naquela tarde, voltei minha atenção para Deus e perguntei: "Deus, por que esta árvore está cheia de cerejas?". No mesmo momento, um pequeno pássaro, do tamanho de um pardal, pousou na árvore, bicou uma cereja e voou para um arbusto onde terminou sua refeição. O Espírito Santo murmurou: "Aí está por que a árvore está cheia de cerejas".

Foi como se o Sermão do Monte estivesse sendo pregado em meu quintal. "Observem as aves do céu: não semeiam nem colhem nem armazenam em celeiros; contudo, o Pai celestial as alimenta" (veja Mateus 6.26). Mas o sermão não tinha terminado. O Espírito então me levou a considerar por que havia tantas cerejas naquela árvore. A árvore estava literalmente carregada. E então fui levado a meditar em como aqueles pássaros eram pequenos, tão pequenos que caberiam na palma de minha mão. O ponto é: Deus providenciou muito além do que eles jamais necessitariam. A aplicação: quando vivemos com o maravilhoso e bom Deus, temos acesso a muito mais do que algum dia necessitaremos.

Foi um poderoso sermão que eu teria perdido se não tivesse sido "louco" o bastante para me afastar do trabalho monótono e me plantar no meio do quintal durante uma hora. Robin Myers escreve: "A cada hora, uma peça de teatro sagrada é exibida diante de um público que em sua maioria permanece cego".[15] Quero assistir a essa peça sagrada todos os dias de minha vida. Não quero perder nada do que Deus tem reservado para mim.

---

[15] MYERS, Robin R. **Morning Sun on a White Piano**. New York: Doubleday, 1998. p. 67.

Esse tesouro somente é encontrado no momento presente. Como os autores Richard Bailey e Joseph Carlson explicam: "A vida nada mais é que uma série de momentos presentes — um depois do outro — a serem vivenciados [...]. Você está sempre vivendo neste momento: estará presente ou ausente?".[16] Eu quero estar presente. (Não é irônico que o termo "presente" também seja usado no sentido de dádiva?)

> Você alguma vez teve uma experiência como a da árvore carregada de cerejas, em que parou, prestou atenção à sua volta e descobriu alguma coisa maravilhosa? Descreva essa experiência.

Eu não somente preciso desacelerar para crescer em minha vida espiritual; preciso também entender que o crescimento espiritual é um processo lento. Fazer picles é uma analogia adequada para o modo de crescermos como discípulos. Para fazer picles, precisamos primeiro conseguir um pepino. A seguir, temos de preparar uma solução de salmoura e vinagre na qual mergulhar o pepino. Se mergulharmos o pepino na solução e rapidamente o tirarmos, tudo o que teremos será um pepino batizado. Para que o pepino se torne uma conserva, ele precisa ficar mergulhado na solução durante seis ou mais semanas. Lenta e imperceptivelmente, a solução age sobre o pepino, transformando-o em picles.

Fazer picles leva seis semanas, mas fazer um aprendiz de Jesus leva muito mais tempo. O grande pregador Graham Scroggie escreveu: "A renovação espiritual é um processo gradual. Todo crescimento é progressivo e, quanto mais sofisticado for o organismo, mais longo é o processo".[17] Seres humanos são organismos

---

[16] BAILEY, Richard; CARLSON, Joseph. **Slowing Down to the Speed of Life**. New York: HarperCollins, 1997. p. 80-81, 164.

[17] Extraído de STANFORD, Miles J. **Principles of Spiritual Growth**. Lincoln, Neb.: Back to the Bible Broadcast Publication, 1974. p. 13.

mais sofisticados que pepinos; há muitos fatores envolvidos em nossa transformação. Minha mente, minhas emoções e meu corpo são multifacetados. A alma humana é uma entidade complexa que muda muito lentamente.

Adoro a velha história contada por A. H. Strong:

> Um aluno pediu ao diretor de sua escola se ele poderia fazer um curso que terminasse mais rápido que o curso tradicional. "Oh, sim", o diretor replicou, "mas isso depende do que você quer ser. Quando Deus quer fazer um carvalho, ele leva cem anos, mas, quando quer fazer uma abóbora, ele leva seis meses".[18]

Strong prossegue explicando que o crescimento espiritual, além de ser lento, não é *uniforme*. Em alguns anos, podemos experimentar um crescimento tremendo e, em outros, ver uma mudança bem sutil. Um carvalho cresce em tamanho apenas durante dois meses em um ano, diz Strong. O resto do ano, os outros dez meses, são gastos para solidificar esse crescimento.

A REGRA DAS 10 MIL HORAS

Em *Outliers* [Trabalhadores que moram longe de seu local de trabalho], Malcolm Gladwell compartilha suas descobertas sobre as pessoas excepcionais — aquelas fora de série. Embora pareça que algumas pessoas nascem com talento excepcional, a pesquisa de Gladwell o levou a concluir:

> A conclusão dos estudos é que 10 mil horas de prática são necessárias para alcançar o nível de perícia requerido para alguém tornar-se um especialista de classe mundial em qualquer assunto [...]. Em estudo após estudo sobre compositores, jogadores de basquete, jogadores de xadrez, criminalistas e outros, este número vem à tona novamente [...]. Parece que o cérebro

---

[18] Citado em ibid., p. 11-12.

leva esse tempo para assimilar tudo o que é preciso para conhecer e alcançar a verdadeira maestria.[19]

Ele cita Mozart como exemplo. A maioria das pessoas sabe que Mozart já compunha aos 6 anos de idade. Mas Gladwell destaca que Mozart, nessa tenra idade, não compunha *boa* música. Sua primeira obra de boa qualidade foi produzida aos 21 anos, depois de quinze longos anos de trabalho duro, e sua melhor obra só foi composta quando ele se aproximava dos 30 anos. O crítico musical Harold Schonberg diz que de fato, nesse sentido, Mozart "se desenvolveu tarde"![20]

Tornar-se proficiente em alguma coisa exige grande quantidade de tempo. Mas, se alguém deseja ser excepcional, precisa investir 10 mil horas de prática. Por favor, não desanime com esse dado! Compartilho isso com você aqui para dar ao processo de transformação uma perspectiva apropriada. Muitos cristãos esperam ver uma mudança dramática alguns meses depois que iniciam um estudo bíblico ou começam uma nova prática de oração. Quando notam apenas uma mudança pequena, costumam achar que fizeram algo errado ou não se esforçaram bastante, e o desânimo se instala.

A verdade é esta: qualquer coisa que façamos para mudar, mesmo os menores passos, tem um efeito sobre nós. Ler este livro cuidadosamente e trabalhar para substituir falsas narrativas pelas narrativas de Jesus são ações que nos ajudarão a dar passos significativos em direção à mudança. Estou certo de que o Espírito Santo fica ao nosso lado e renova nossa alma quando nos dedicamos sinceramente aos exercícios de treinamento espiritual. Mas não devemos esperar mudanças drásticas da noite para o dia.

---

[19] GLADWELL, Malcolm. **Outliers: The Story of Success**. New York: Little, Brown, 2008. p. 40.
[20] Ibid., p. 41.

Por exemplo, eu tenho trabalhado nessas narrativas e participado dessas práticas por mais de vinte e cinco anos. Apesar disso, continuo sendo uma obra em desenvolvimento. Mas a cada mês do ano vejo um crescimento positivo em minha vida com Deus. Inspire-se. A mudança é lenta, mas acontece. Para muitos de vocês, a mudança ainda está começando. Deus está fazendo uma boa obra em sua vida, e você sabe disso. Tenha confiança de que este é o início de uma nova vida em Cristo. Você não precisa confiar neste ou em nenhum outro livro, mas no maravilhoso e bom Deus que está agindo em você e tem um plano para sua vida: "Estou convencido de que aquele que começou boa obra em vocês, vai completá-la até o dia de Cristo Jesus" (Filipenses 1.6).

APENAS O INÍCIO

Este livro foi escrito para ajudar você a apaixonar-se pelo maravilhoso e bom Deus, o Deus que Jesus conhece. Não podemos entrar em uma vida mais profunda com Deus, a menos que o conheçamos e o amemos. Este capítulo estabelece uma ponte entre este livro e o segundo volume, *The Good and Beautiful Life*, que segue o mesmo padrão: substituir falsas narrativas e participar de disciplinas espirituais que ajudam a incorporar novas narrativas à nossa alma. Esse segundo volume lida com áreas do fracasso humano, tais como ira, mentira, luxúria e preocupação. O que Jesus diz sobre essas coisas é o oposto das narrativas que ouvimos do mundo.

Uma vez que tenhamos começado a "mergulhar" nas narrativas de Jesus sobre Deus, podemos examinar nosso próprio coração e nossa própria vida. Agora que viemos a conhecer o maravilhoso e bom Deus, somos convidados à maravilhosa vida com ele. Nesse ínterim, precisamos desacelerar e permitir que as narrativas de Jesus repousem em nosso coração, em nossa mente e em nossa alma.

TREINAMENTO PARA A ALMA
Desacelerando

Desacelerar tem que ver com a maneira de nossa alma funcionar. Robert Barron diz: "A parte mais profunda da alma gosta de *ir devagar*, já que ela procura saborear mais que conquistar; ela quer descansar e contemplar o bem mais que sair apressadamente para outro lugar".[1] Esta é a sua tarefa: desacelerar, saborear, descansar e contemplar. Desacelerar nosso ritmo de vida significa eliminar a pressa e limitar as demandas e atividades em nossa vida. Então, teremos maior chance de encontrar prazer em nossa vida e abrir espaço para Deus.

No passado, os cristãos se envolviam em práticas ascéticas (jejuns prolongados e autoflagelação) para disciplinar-se a fim de aproximar-se de Deus. Precisamos de algo totalmente diferente em nossa cultura moderna. Paul Evdokimov escreve com propriedade:

> Hoje o combate não é o mesmo. Não precisamos mais apelar para a dor. Cintos de Silício, correntes e flagelação seriam um

---

[1] BARRON, Robert. **Heaven in Stone and Glass.** New York: Crossroad, 2000. p. 149.

risco de ferimento desnecessário. Hoje a mortificação equivaleria à libertação de todo tipo de vício — velocidade, barulho, álcool e toda sorte de estimulantes. O *ascetismo necessitaria do repouso*, uma disciplina de períodos regulares de calma e silêncio, quando alguém poderia recuperar a capacidade de parar para orar e contemplar, mesmo em meio a toda a agitação do mundo.[2]

Creio que ele está certo sobre nosso modo de vida atual. Somos orientados por velocidade e estimulantes; por consequência, a disciplina mais necessária para nós é desacelerar, acalmar-nos e encontrar tempo para o repouso e a contemplação.

MARGEM E DESACELERAÇÃO

Não podemos desacelerar até sabermos como praticar a margem. (Essa é a razão pela qual a margem foi discutida neste livro antes da desaceleração.) Precisamos começar a eliminar algumas atividades antes de podermos mudar o ritmo de nossa vida. Matt Johnson, um colega de trabalho no material desta trilogia, é um exemplo vivo de margem e desaceleração. Um bem-sucedido pastor assistente por vários anos, Matt assumiu mais responsabilidades a cada ano — especialmente porque ele é bom em muitas coisas. Em certo ponto, ele concluiu que sua vida profissional estava afetando sua vida espiritual. Depois de consultar sua esposa, Matt perguntou ao pastor sênior se poderia reduzir um pouco a carga de trabalho. Isso obviamente representava uma redução em seu salário, o que o próprio Matt havia sugerido.

Agora às segundas e quartas-feiras, Matt tem períodos mais longos aos pés de Jesus. Como amigo, posso afirmar que o Cristo

---

[2] EVDOKIMOV, Paul. **Ages of the Spiritual Life**. Crestwood, N.Y.: St. Vladimir's Seminary Press, 1998. p. 64.

que habita em Matt é uma grande bênção para mim e para muitos outros. Não há dúvida de que ele "executa" menos, e que está ganhando menos dinheiro, mas o crescimento de sua alma tem sido tremendo. O que é mais importante? Matt seria o primeiro a dizer que os ganhos excedem em muito as perdas. Matt vive no lugar certo, está presente onde ele está no momento e serve a Cristo em cada aspecto de sua vida.

COMO PÔR A DESACELERAÇÃO EM PRÁTICA

- Pense nas atividades do dia que está por vir. Em vez de esperar até o último minuto para realizar sua próxima atividade, tente sair dez minutos mais cedo. Caminhe mais devagar. Dirija mais devagar. Quando chegar a seu destino um pouco mais cedo que de costume, use o tempo extra para observar as pessoas e coisas à sua volta. Respire.

- Pegue de propósito a pista mais lenta enquanto estiver dirigindo e a fila de caixa mais longa quando for ao supermercado. Boa sorte com essa dica!

- Planeje uma refeição com um amigo ou grupo de amigos. Cozinhe lentamente. Aproveite a arte e o prazer de cozinhar. Demore-se em sua refeição, gastando uma ou duas horas para comer lentamente, conversar e apreciar a bênção do alimento.

- Separe uma hora do dia para ser um bicho-preguiça (animal que se move lentamente, levando quase dez minutos para dar uma passada). Movimente-se lentamente. Gaste cinco minutos apenas para caminhar da sua sala até a cozinha. Dê um passo e pare. Observe as coisas. Respire profundamente. Esteja presente no momento presente. Faça tudo deliberadamente mais devagar.

- Faça de um dia inteiro um "dia lento". Acorde um pouco mais cedo para que você tenha tempo para demorar-se no café da manhã.

Se você estiver no trabalho, faça suas tarefas em um ritmo mais lento (desde que sua profissão o permita; se você precisar agir rapidamente, faça isso sem "se apressar"). Corte a TV e todas as outras formas de mídia durante o dia inteiro. Separe um tempo para assistir ao pôr do sol, dar uma caminhada tranquila, ver as crianças no parque. No final do dia, anote por escrito seus pensamentos sobre o que representou viver de maneira desacelerada.

Quando você muda de velocidade, seu sistema interno (sua alma) se livrará de seu ritmo usual e sentimentos de frustração se desenvolverão. Por exemplo, quando você se obriga a dirigir na pista mais lenta, começará a sentir seu estômago e talvez chegue a ranger os dentes: "Vamos lá, apresse-se, vamos", como se tivesse sido treinado para fazer isso. Você terá de extinguir essa necessidade interior. Mas não se preocupe — você é capaz de fazer isso. Até agora, ninguém morreu em tentar.

> "Parece que a maioria dos cristãos tem dificuldade em perceber e enfrentar o fato inexorável de que Deus não se apressa em desenvolver nossa vida cristã. Ele está trabalhando da e para a eternidade!"
> MILES J. STANFORD[3]

PARA REFLETIR

Quer esteja estudando este material sozinho quer em companhia de outras pessoas, as questões a seguir podem ajudar você a refletir sobre sua experiência. Em ambos os casos, pode ser uma boa ideia responder a essas questões em seu diário. Se estiver reunido com um grupo, leve seu diário à reunião para ajudar você a recordar suas descobertas à medida que compartilha suas experiências.

---

[3] STANFORD, **Principles of Spiritual Growth**, p. 11.

1. Você conseguiu pôr em prática algum dos exercícios esta semana? Em caso positivo, descreva o que fez e como se sentiu.
2. O que você aprendeu sobre Deus ou sobre si mesmo por meio desse exercício?
3. Desacelerar é uma atitude contracultural. Descreva os desafios que você encontrou. Você continuará tentando desacelerar no futuro?

Apêndice

Guia de discussão para pequenos grupos

Matthews Johnson e Christopher Jason Fox

No outono de 2006, fomos convidados a participar de um curso experimental liderado por James Bryan Smith, que ele chamou de Curso Aprendiz. Conhecíamos o dr. Smith — sua habilidade como professor e o alcance de sua formação espiritual —, mas não estávamos preparados para o impacto que esse curso teria em nossa vida e em nosso ministério. Foi maravilhoso. Não levou muito tempo para que implantássemos esses mesmos ensinamentos às igrejas nas quais servimos, e os resultados não foram menos profundos. Ao longo do caminho, temos testemunhado a verdade do que Jim Smith diz no capítulo 1 sobre comunidade como um dos componentes-chave da transformação. Essa verdade tem sido vivenciada por aqueles que trabalharam com este livro em pequenos grupos — lendo, praticando e então discutindo as experiências. O resultado tem sido uma profunda cura de narrativas, a alegria de conectar-se em um nível pessoal com outras pessoas e a vida transformada para ser mais parecida com a vida de Jesus. Em razão do resultado dessas experiências, este guia de discussão foi criado para ajudar a qualquer um que queira reunir um grupo de amigos, a família, um grupo de jovens, um pequeno grupo, uma classe de escola dominical ou um clube do livro para interagir.

Um grupo pode variar em tamanho, comportando de duas a 12 pessoas. Consideramos que o tamanho ideal para um grupo é de cinco ou seis pessoas. Com um grupo desse porte, você pode acompanhar as questões no guia e compartilhar suas ideias e reações. Alguns grupos preferem trabalhar com uma liderança compartilhada, alternando a coordenação a cada semana. Se o grupo tem mais de 12 participantes, será melhor manter um único líder por todo o percurso.

Cada sessão é dividida em várias seções. Usem cada seção da forma que for mais adequada a seu contexto. Sintam-se livres para pular questões ou seções, assim como para acrescentar questões que julgarem convenientes. Além disso, vocês também podem passar algum tempo trabalhando com as questões espalhadas pelos capítulos, discutindo pontos considerados particularmente úteis ou desafiadores.

Dependendo do tamanho do grupo, seguir este guia de discussão levará entre 60 e 90 minutos. Incluímos estimativas de tempo a fim de ajudar o grupo a aproveitar melhor cada seção. Se seu grupo tem mais de seis participantes, espera-se que a reunião toda leve 90 minutos.

Que este simples guia sirva de ferramenta nas mãos do Espírito para levar vocês a um amor mais profundo ao maravilhoso e bom Deus.

Guia de discussão para pequenos grupos

Capítulo 1. O que você está procurando?

ABRINDO-NOS PARA DEUS [5 MINUTOS]

Comecem fazendo cinco minutos de silêncio, seguidos por uma breve oração para que Deus oriente a reunião. *Por que cinco minutos de silêncio?* Porque vivemos em mundo tomado pelo barulho e pelas distrações. Facilmente iniciamos um novo assunto com a mente ainda dedicada a processar um tópico anterior. No meio de toda essa atividade, é difícil ouvir a voz sussurrante de Deus. Quando nos reunimos com amigos para compartilhar nossa jornada espiritual, o que queremos de fato é ouvir a voz de Deus na vida daqueles que nos rodeiam. Com um pouco de silêncio, preparamo-nos para ouvir, daí a opção de iniciar cada reunião com um período de silêncio.

TREINAMENTO PARA A ALMA [10-15 MINUTOS]

Se vocês estiverem em um grupo de sete ou mais pessoas, dividam-se em pequenos grupos menores, de três ou quatro pessoas.

Passem de cinco a dez minutos discutindo o que aprenderam durante o treinamento da alma de experimentar o sono. Para ajudar o grupo a iniciar a conversa, o líder pode começar compartilhando suas ideias a respeito das seguintes questões:

1. Você conseguiu pôr em prática a disciplina do sono esta semana? Em caso positivo, descreva seu treinamento em detalhes e como se sentiu ao realizá-la.
2. O que você aprendeu sobre Deus ou sobre si mesmo por meio desse exercício?

APLICANDO O CAPÍTULO [30-45 MINUTOS]

A principal ideia desse capítulo é que a maioria das pessoas deseja mudar, mas fracassa — não porque não *tentem* com afinco, mas porque não foram *treinadas* adequadamente para isso.

[*Nota*: A cada semana, leiam as questões antes de começarem a discutir. Anotem quaisquer questões que vocês queiram discutir com mais vagar. É importante lembrar que, dependendo do tamanho do grupo e do interesse demonstrado, talvez não haja tempo suficiente para discutir todas as questões.]

1. Você já tentou mudar alguma coisa em si mesmo? Que processo usou? Você foi bem-sucedido?
2. O autor nos apresenta um diagrama para transformação (p. 28). Ele é composto de narrativas pessoais, exercícios de treinamento para a alma, participação na comunidade e presença do Espírito Santo. Algum desses componentes fez parte de sua mudança no passado? Explique.
3. Nossas narrativas são histórias que moldam nossa maneira de viver. Para ajudar você a entender melhor o conceito de narrativa, pense em uma história de sua vida que define sucesso para você. Fale sobre isso com o grupo.

4. Muitas pessoas são tentadas (e ensinadas) a praticar disciplinas espirituais com o objetivo de agradar a Deus, quando na verdade essas práticas são uma maneira de transformar nossa alma. Como isso modifica sua visão sobre as disciplinas espirituais que você já pratica?
5. Houve alguma ocasião em que um pequeno grupo de pessoas o motivou e o encorajou em sua jornada? Descreva sua experiência.
6. Da seção sobre a obra do Espírito Santo (p. 33-37), que novas descobertas você fez a respeito do Espírito Santo e seu impacto sobre nossas narrativas, o treinamento de nossa alma ou nosso senso de comunidade?

APLICANDO A PALAVRA [10-15 MINUTOS]

[*Nota:* Reservem tempo para que alguém leia o texto das Escrituras em voz alta semanalmente. É bom ouvir a leitura, mesmo quando dispomos de uma cópia impressa.]

Leiam João 1.38,39 em voz alta.

1. Ouça as palavras de Jesus; imagine-se o discípulo que levanta essa questão. O que você está buscando?
2. Quando Jesus diz para você "vir e ver", que emoção você sente?

SIGAM EM PAZ [5 MINUTOS]

Conclua com uma pessoa do grupo lendo em voz alta as seguintes palavras do capítulo 1.

> Quando o Espírito tiver mudado nossas narrativas, começaremos a pensar diferente. Em consequência disso, passaremos a acreditar e a confiar no bom e amoroso Deus, que é forte e poderoso. Começaremos a ver como Jesus viveu uma vida perfeita que não somos capazes de viver e como ele ofereceu essa vida ao Pai em nosso favor, libertando-nos da obrigação de merecer o amor e o favor de Deus. E, à medida que nos engajarmos em exercícios

de treinamento para a alma — especialmente no contexto de uma comunidade —, aumentará nossa confiança de que Deus está agindo e de que ele está entre nós. Isso criará uma mudança interior que se manifestará em nosso comportamento externo.

Agora, diante de um voo atrasado, podemos respirar fundo e lembrar quem somos. [...] podemos passar por essas experiências com amor, alegria, paz, paciência e bondade (p. 37).

Sigam em paz, saboreando as boas novas de que Deus está agindo dentro de vocês e entre vocês. Amém.

PRÓXIMA SEMANA

No capítulo seguinte, examinaremos a bondade de Deus. A prática de treinamento para a alma será fazer diariamente cinco minutos de silêncio e prestar atenção ao mundo à sua volta.

Capítulo 2. Deus é bom

ABRINDO-NOS PARA DEUS [5 MINUTOS]

Comecem fazendo cinco minutos de silêncio, seguidos por uma breve oração.

TREINAMENTO PARA A ALMA [10-15 MINUTOS]

Dividam-se em pequenos grupos de três ou quatro pessoas e passem algum tempo discutindo o que vocês aprenderam com suas experiências de treinamento para a alma. Para ajudar o grupo a iniciar a conversa, o líder pode começar compartilhando suas ideias a respeito das seguintes questões:

1. O que você aprendeu sobre Deus ou sobre si mesmo por meio desse exercício?
2. Foi difícil para você separar cinco minutos de silêncio a cada dia?
3. O que chamou sua atenção ao observar atentamente o mundo à sua volta?

APLICANDO O CAPÍTULO [20-30 MINUTOS]

O foco principal desse capítulo é substituir a narrativa comumente aceita de que Deus é um Deus furioso, um Deus que nos castiga por causa de nossos pecados, pela narrativa de que o Deus que Jesus conhece e revela é bom — o que significa que não há nenhum mal em Deus.

1. O autor compartilha a história de seu amigo que disse que ele ou sua esposa haviam pecado e por isso causado a doença fatal de sua filha Madeline. Qual foi sua reação a essa história?
2. Já houve ocasiões em que você sentiu que Deus o estava castigando por causa de algum pecado, ou uma situação a respeito da qual um amigo disse a você que era isso o que estava acontecendo? Em caso positivo, fale sobre essa experiência.
3. O autor destaca que muitos vivem por uma narrativa que diz: "Deus é um juiz irado. Se você pecar, será punido". Essa narrativa alguma vez o afetou? Em caso positivo, de onde veio essa narrativa?
4. Volte à seção intitulada "O bem que apenas os bons conhecem" (p. 57-59). Santo Agostinho teve uma percepção brilhante quando deixou de lado a noção de "causa e efeito" relacionada ao pecado e ao sofrimento e, em vez dela, falou sobre o bem que é "peculiar" àqueles que praticam o bem, e sobre o mal que resulta do mal. Por exemplo, a pessoa que se ocupa em praticar o bem experimentará bênçãos que são desconhecidas àqueles que praticam o mal: um contentamento interior, a sensação positiva de ter

ajudado os outros, confiança e assim por diante. Se o tempo permitir, conte histórias de pessoas que você conhece que receberam o "bem" por terem praticado o bem.

APLICANDO A PALAVRA [15-30 MINUTOS]

Leiam João 9 em voz alta.

1. Como espectador, o que você vê, ouve e sente?
2. Vendo Jesus em ação em João 9, o que você aprende sobre ele?
3. O que você aprende sobre a natureza humana por meio dos fariseus, dos discípulos e do homem que nasceu cego?
4. Há alguma área de sua vida na qual você sente que Deus o tem castigado? Em caso positivo, imagine-se no lugar do homem que nasceu cego. Permita-se ouvir a palavra de Jesus, como se elas fossem dirigidas a você.

SIGAM EM PAZ [5-10 MINUTOS]

Peçam que um voluntário do grupo leia a citação do capítulo a seguir. Então, sentem-se em silêncio e assimilem essas palavras para encerrar seu tempo juntos.

> Jesus disse que seu Pai era bom. Jesus também recusou a ideia de que as recompensas e os castigos externos são dados por Deus com base em nossas boas ou más obras. A chuva cai sobre os bons e os maus. Algumas vezes, oramos para que chova (por causa de nossas plantações), e algumas vezes oramos para que a chuva não caia (por causa de nossos piqueniques). No entanto, querendo ou não, tanto os bons quanto os maus recebem a chuva. Jesus enfrentou o sofrimento, a rejeição e o isolamento, e as pessoas zombaram dele enquanto na cruz, questionando se Deus realmente o protegia. E Jesus acreditou.

Ele acreditou por mim. Ele acredita quando nós não podemos crer. Ele ora quando nós não podemos orar. Participamos de sua fé (p. 60-61).

Se vocês se sentirem à vontade, ofereçam orações de louvor e ações de graças ao Deus que é bom.

PRÓXIMA SEMANA

No capítulo seguinte, examinaremos como Deus é digno de confiança. A prática de treinamento para a alma será relatar suas bênçãos.

Capítulo 3. Deus é digno de confiança

[*Nota:* Na sessão desta semana, a prática de treinamento da alma segue a discussão do capítulo.]

ABRINDO-NOS PARA DEUS [5 MINUTOS]

Comecem fazendo cinco minutos de silêncio, seguidos por uma breve oração.

APLICANDO O CAPÍTULO [25-45 MINUTOS]

O foco principal desse capítulo é que nós podemos confiar em Deus porque Jesus confiou em Deus — mesmo quando se envolveu em grande sofrimento.

1. Você alguma vez realizou um exercício de formação de equipe? Em caso positivo, descreva sua experiência para o grupo. O exercício ajudou a construir confiança entre as pessoas? Em caso positivo, o que o fez sentir essa confiança?

2. O autor acredita que Deus é digno de confiança porque o Deus a quem Jesus revela nunca faria nada para nos prejudicar. Deus não tem malícia nem intenções malignas. De que maneira essa perspectiva se compara à sua definição de confiança?
3. Na Oração do Senhor, encontramos um Deus que está presente, é puro, poderoso, provê, perdoa e protege (p. 76-77). Quais dessas características divinas é mais estimulante para você? Qual delas é mais difícil de compreender?
4. Se vocês estiverem em um grupo de seis ou mais pessoas, dividam-se em grupos de três ou quatro para discutir as seguintes questões. [Reservem aproximadamente 10-15 minutos para essa conversa e oração.]

Um "cálice" (veja p. 81-82) é aquele aspecto de nossa vida que torna difícil para nós confiar em Deus.

- Você consegue citar um "cálice" em sua própria vida? O que aprendeu sobre Deus ou sobre si mesmo por meio dessa experiência?
- O autor nos diz: "Jesus confiou em seu Aba, e eu também confiarei no Deus que eu sei que é bom". Como você sente em saber que não precisa "obrigar-se" a dizer que "está tudo bem"?
- Não importa se você está ou não no meio de uma tragédia, é surpreendente juntar nossa história à história de Deus (p. 83-85). Como essas boas-novas mudam sua perspectiva e a maneira de você gastar seu tempo e energia?
- Se vocês se sentirem à vontade, passem tempo em oração uns pelos outros, convidando Deus a unir a história dele às suas.

TREINAMENTO PARA A ALMA [10-15 MINUTOS]

Próximo ao final, o foco do capítulo se volta para as bênçãos que temos recebido. Se o grupo for grande o suficiente, dividam-se em subgrupos de três a quatro pessoas e discutam o que aprenderam na prática de treinamento para a alma de contar suas bênçãos.

Não é necessário que cada pessoa compartilhe sua lista. Para ajudar o grupo a iniciar a conversa, o líder pode começar compartilhando suas ideias a respeito das seguintes questões:

1. O que você aprendeu sobre Deus ou sobre si mesmo por meio desse exercício?
2. Algumas das coisas que você listou o surpreenderam? Por quê?
3. Que similaridades você percebe entre as listas?

APLICANDO A PALAVRA [10-15 MINUTOS]

Leiam Mateus 26.36-44 em voz alta.

1. Imagine os eventos descritos nesse texto. Que emoções essa cena desperta em você?
2. Como esse momento da vida de Jesus impacta sua capacidade de confiar em Deus?

SIGAM EM PAZ [5 MINUTOS]

Peçam que dois ou três voluntários leiam lentamente a lista das seis características divinas (Deus está presente, Deus é puro, Deus é poderoso, Deus provê, Deus perdoa e Deus protege), uma de cada vez, e então passem alguns minutos em silêncio.

O líder pode encerrar o período de silêncio com as seguintes palavras: Sigam na certeza de um Deus no qual podemos confiar.

PRÓXIMA SEMANA

No capítulo seguinte, examinaremos a generosidade de Deus. A prática de treinamento para a alma será viver e respirar o salmo 23 — aproveite!

Capítulo 4. Deus é generoso

ABRINDO-NOS PARA DEUS [5 MINUTOS]

Peçam que alguém do grupo leia a lista de características de Deus do capítulo 3 (Deus está presente, Deus é puro, Deus é poderoso, Deus provê, Deus perdoa e Deus protege), e então façam cinco minutos de silêncio. Encerrem o período de silêncio com uma breve oração.

TREINAMENTO PARA A ALMA [10-15 MINUTOS]

Em grupos de três ou quatro participantes, discutam a prática de treinamento da alma que consistiu em viver e respirar o salmo 23. Para ajudar o grupo a iniciar a conversa, o líder pode começar compartilhando suas ideias a respeito das seguintes questões:

1. Você conseguiu pôr em prática o exercício esta semana? Em caso positivo, descreva o que fez e como se sentiu.
2. O que você aprendeu sobre Deus ou sobre si mesmo por meio desse exercício?
3. Qual foi o versículo, ou frase, mais significativo do salmo 23 para você?

APLICANDO O CAPÍTULO [25-45 MINUTOS]

O foco principal desse capítulo é que nós não obtemos o amor, o favor, o perdão ou a aceitação de Deus. Deus é generoso e nos dá tudo isso gratuitamente.

1. A falsa narrativa apresentada nesse capítulo é: "Amor e perdão são *commodities* que são trocadas por desempenho. O amor, a aceitação e o perdão de Deus precisam ser merecidos por meio de uma vida correta. O que Deus mais quer é que não pequemos, mas, em vez disso, pratiquemos o bem" (p. 95). Que efeito essa narrativa tem sobre seu relacionamento com Deus?

2. O autor destaca: "Dizer que o pecado tem consequências é diferente de dizer que, por causa de nosso pecado, Deus nos rejeita inteiramente" (p. 97). Como você descreve com suas palavras essa ideia de que o pecado tem consequências, mas nosso pecado não nos leva a ser rejeitados por Deus?
3. A história dominante da Bíblia revela um Deus de graça. Algumas narrativas secundárias parecem contradizer essa narrativa principal, mas as narrativas menores devem ser interpretadas apenas em termos do amor imerecido (veja p. 99). Como esse modo de ler as Escrituras repercute em você? De que maneira pode ajudar sua leitura da Bíblia? E em que sentido faz você se sentir pouco à vontade?
4. Somos assegurados de que o amor de Deus por nós é merecido, e aquilo que Deus quer dos seres humanos é que simplesmente conheçamos seu amor, o que naturalmente nos levará a amar em retribuição. Se é verdade que o amor de Deus não é merecido, o que você faria diferente amanhã? Por quê?
5. A. W. Tozer escreve: "O que vem à nossa mente quando pensamos em Deus é a coisa mais importante sobre nós" (p. 110). Se vocês estiverem em um grupo de seis ou mais pessoas, dividam-se em subgrupos de três ou quatro. Descrevam ao subgrupo a primeira coisa que vem à sua mente quando pensam em Deus. De que maneira esse pensamento molda sua vida cotidiana?

APLICANDO A PALAVRA [15-20 MINUTOS]

Leiam Mateus 20.1-15 em voz alta.

1. Se essa fosse a única história que você conhecesse sobre Deus, o que concluiria?
2. Considere silenciosamente como você tem experimentado a generosidade de Deus. À medida que os eventos e as bênçãos vierem à mente, você percebe algo mudando em seu interior?

SIGAM EM PAZ [5 MINUTOS]

Peçam a um voluntário do grupo que leia em voz alta a seguinte história. Tente imaginar o cenário enquanto a história é lida:

> Uma manhã, na última primavera, um jovem casal segurava um bebê no colo enquanto aguardava seu voo no portão de embarque do aeroporto. O bebê encarava fixamente as outras pessoas e, logo que reconhecia um rosto humano, independentemente de quem fosse, se jovem ou velho, bonito ou feio, entediado, feliz ou de aparência preocupada, ele respondia com absoluto deleite. Era lindo ver a cena. Nosso insípido portão de embarque se tornou um portão para o céu. E, ao assistir àquele bebê brincar com qualquer adulto que estivesse disposto, senti-me tão impressionado quanto Jacó, porque percebi que essa é maneira pela qual Deus olha para nós, encarando nosso rosto a fim de deleitar-se em nós, a fim de ver a criatura que ele criou e aprovou chamando-a de "boa", junto com o restante da criação [...]. Suspeito que apenas Deus, e crianças muito amadas possam ver as coisas dessa maneira (p. 109).

Sigam em paz e vivam alegremente na certeza da generosidade de Deus para com todas as suas criaturas.

PRÓXIMA SEMANA

No capítulo seguinte, examinaremos o amor radical de Deus. A prática de treinamento para a alma será a *lectio divina*, que é explicada ao final do capítulo. Você talvez queira praticar a *lectio divina* várias vezes durante a próxima semana.

Capítulo 5. Deus é amor

ABRINDO-NOS PARA DEUS [5 MINUTOS]

Comecem com cinco minutos de silêncio, seguidos por uma breve oração.

TREINAMENTO PARA A ALMA [10-15 MINUTOS]

Dividam-se em pequenos grupos de três ou quatro e discutam o que vocês aprenderam da prática de treinamento para a alma da *lectio divina*. Para ajudar o grupo a iniciar a conversa, o líder pode começar compartilhando suas ideias a respeito das seguintes questões:

1. Você conseguiu realizar o exercício da *lectio divina*? Em caso positivo, descreva o que fez e como se sentiu.
2. O que você aprendeu sobre Deus ou sobre si mesmo por meio desse exercício?

APLICANDO O CAPÍTULO [25-45 MINUTOS]

O foco principal desse capítulo é que a maioria das pessoas acredita que o amor é condicional e baseado no comportamento. Assim, a maioria das pessoas acha que Deus nos ama apenas quando somos bons. Jesus falou sobre um Deus que ama incondicionalmente — um Deus que ama até mesmo os pecadores.

1. A falsa narrativa apresentada nesse capítulo é que Deus nos ama apenas quando somos bons. O autor nos dá a imagem de um Deus sentado em uma cadeira giratória, sorrindo para nós quando somos "bons" e dando-nos as costas quando "pecamos" (p. 116). Que imagem você usaria para descrever a reação de Deus a seu pecado?
2. Considerando várias passagens bíblicas, esse capítulo traz à luz a realidade de que Deus ama os pecadores. Como você se sente em saber que Deus o ama exatamente como você é?

3. João 3.16 nos diz que Deus ama o mundo, significando que Deus ama a todos — incluindo nossos inimigos, aqueles que nos ferem e aqueles que simplesmente nos irritam. Como se sente em saber que Deus ama as pessoas que você não ama? Você pode silenciosamente citar agora o nome das pessoas que você tem dificuldade em amar (incluindo você mesmo).

Se vocês estiverem em um grupo de seis ou mais pessoas, dividam-se em subgrupos de três ou quatro para compartilhar o que pensam sobre as questões 4 e 5. Se necessário, revise as seções "O pai pródigo" (p. 123-125) e "O irmão mais velho e eu" (p. 125-127).

4. Da parábola do filho pródigo, com quais dos dois filhos você mais se identifica? Você se identifica com o pai? Em caso positivo, de que maneira(s)?

5. O autor escreve: "Nossa autojustificação não muda a posição de Deus em relação a nós, mas nossa posição em relação a Deus. Não é meu pecado que me afasta de Deus, mas minha recusa da graça, seja para meu benefício, seja para o benefício dos outros" (p. 127). Como você reage a essa declaração? De que maneira sua própria autojustificação o afasta de Deus? Como podemos reconhecer a autojustificação em nossa vida?

6. Se vocês estiverem divididos em grupos de três ou quatro participantes, reagrupem-se e peça a alguém do grupo que leia lentamente e em voz alta o poema "Amor (III)" (p. 128-129), e permita que outra pessoa retrate o encontro com o Amor.

APLICANDO A PALAVRA [15-20 MINUTOS]

A *lectio divina* pode ser realizada em grupo. Usem as Escrituras citadas a seguir como seu texto-base (Mateus 9.12-13). Antes de começar, decidam quem lerá as Escrituras em cada ocasião.

- Na primeira vez em que as Escrituras forem lidas, deixe a palavra impregnar sua mente. Permita-se alguns minutos de silêncio.
- Na segunda vez em que as Escrituras forem lidas, observe qualquer palavra que Deus pareça estar enfatizando. Após a segunda leitura, qualquer pessoa do grupo pode compartilhar a palavra ou frase que a tocou, mas não deve elaborar demais a respeito.
- Leia a passagem pela terceira vez. Esse tempo permite que Deus revele a você o significado dessa palavra. Passe de três a cinco minutos em silêncio, conversando com Deus. Após o momento de silêncio, qualquer pessoa que estiver disposta pode compartilhar o que sentiu que Deus falou por meio da passagem.

"Não são os que têm saúde que precisam de médico, mas sim os doentes. Vão aprender o que significa isto: 'Desejo misericórdia, não sacrifícios'. Pois eu não vim chamar justos, mas pecadores" (Mateus 9.12,13).

SIGAM EM PAZ

Sigam em paz e vivam alegremente na certeza do amor de Deus por vocês.

PRÓXIMA SEMANA

No capítulo seguinte, vamos examinar a santidade de Deus. A prática de treinamento para a alma será a margem, que será explicada em detalhes ao final do capítulo. A disciplina da margem exigirá uma semana completa de prática antes de vocês se reunirem novamente. Então, planejem ler com antecedência o capítulo e a seção de treinamento para a alma.

Capítulo 6. Deus é santo

ABRINDO-NOS PARA DEUS [5 MINUTOS]

Comecem com cinco minutos de silêncio, seguidos por uma breve oração.

TREINAMENTO PARA A ALMA [10-15 MINUTOS]

Divididos em pequenos grupos de três ou quatro pessoas, discutam o que aprenderam da prática da margem para treinamento da alma. Para ajudar o grupo a iniciar a conversa, o líder pode começar compartilhando suas ideias a respeito das seguintes questões:

1. Você conseguiu desenvolver a margem de alguma forma esta semana? Em caso positivo, descreva o que fez e como se sentiu.
2. Quando você tentou desenvolver a margem em sua vida, o que foi mais difícil? O que foi mais recompensador?
3. Como você planeja pôr em prática a disciplina da margem no futuro?
4. O que você aprendeu sobre Deus ou sobre si mesmo por meio desse exercício?

APLICANDO O CAPÍTULO [25-35 MINUTOS]

O foco principal desse capítulo é que Deus é amor e também santo. A ira de Deus em relação ao pecado é uma ação que reflete esse amor e essa santidade.

1. O capítulo 6 aborda duas narrativas falsas. A primeira é que Deus está sempre bravo e furioso em relação a nós. A segunda é que Deus não se importa de maneira alguma com o pecado e é mais parecido com um "ursinho de pelúcia". Com qual dessas duas narrativas você mais se identifica? Por quê?

2. Amar é "querer o bem do outro", de acordo com Dallas Willard (p. 147). Quando essa compreensão do amor se choca com nosso pecado, o resultado é a ira de Deus, porque "Deus se opõe feroz e vigorosamente às coisas que destroem seu precioso povo" (p. 149). O que você diria a um amigo que quisesse entender como um Deus amoroso pode ao mesmo tempo manifestar ira?
3. Nas páginas 150-151 o autor apresenta o caso das mães que lutam contra motoristas alcoolizados como um exemplo raro de ira humana comparada à ira de Deus. Você é capaz de citar outros exemplos humanos?
4. Somos brindados com esta maravilhosa citação de George MacDonald: "O amor ama para purificar" (p. 154). Que pensamentos e sentimentos você tem ao considerar que Deus deseja remover todas as coisas que destroem sua vida?
5. "Deus não viola nossas escolhas. As pessoas podem escolher barrar Deus de sua vida. Dessa forma, as portas do inferno são trancadas por dentro" (p. 155-156). Como essa visão do inferno se assemelha ou difere de sua própria visão?
6. O capítulo termina com o importante ponto de que devemos primeiro confiar no amor e perdão de Deus antes de podermos começar a entender sua santidade. Os primeiros cinco capítulos deste livro apresentam o amor e a bondade de Deus. Que impacto os cinco capítulos anteriores tiveram em preparar você para compreender a santidade de Deus?

APLICANDO A PALAVRA [15-20 MINUTOS]

Leiam Hebreus 12.18-29 em voz alta.

1. Essa passagem começa contrastando a aliança firmada no monte Sinai com a aliança estabelecida pelo sangue de Jesus. Que imagens da santidade de Deus você vê nessa passagem?

2. Uma forma de interpretar essa passagem é ver coisas em nossa vida que podem ser "abaladas" e remover aquelas que se opõem a Deus. Por outro lado, o reino que estamos recebendo é o inabalável Reino de Deus — a "vida com Deus". Houve alguma ocasião em sua vida quando você se sentiu abalado e eventualmente purificado? Você reconhecem a mão de Deus trabalhando nessa situação? Em caso positivo, de que maneiras?
3. Como você se sente em saber que, embora a purificação total possa ser dolorosa, ela em última instância leva a uma profunda intimidade com Deus?

SIGAM EM PAZ [5 MINUTOS]

Peçam a um voluntário do grupo que leia a citação seguinte do capítulo. Então, sentem-se em silêncio e assimilem essas palavras para encerrar a reunião.

Deus é contrário a meu pecado porque é a meu favor. E, se eu defendo o pecado, Deus se coloca contra esse desejo, MacDonald argumenta, porque ele provoca minha destruição. Não há outro caminho. Para estar certo, tenho a tendência de desculpar meus pecados ou de racionalizar minhas fraquezas, mas não é assim que Deus age. Embora agora estejamos reconciliados com ele por meio de Cristo, Deus não é indiferente a meu pecado. O pecado me fere e, por consequência, fere Deus — porque Deus me ama.

Deus não me faz sentir mal nem me envergonha para que eu melhore meu comportamento. Ele também não usa o medo ou a culpa. O método de Deus para a mudança é mais elevado. O santo amor de Deus consome o lixo do pecado e o elimina de nossa vida. É a bondade de Deus que leva ao arrependimento genuíno (Romanos 2.4). Como MacDonald afirmou: "O amor ama para purificar" (p. 153-154).

O amor de Deus ama vocês "para purificá-los". Sigam na certeza do profundo desejo de Deus pelo seu bem.

PRÓXIMA SEMANA

No capítulo seguinte, vamos examinar a natureza autossacrificial de Deus. A prática de treinamento para a alma será a leitura do evangelho de João completo. Vocês precisarão reservar bastante tempo para esse exercício (de uma a três horas, no mínimo). Alguns grupos têm feito a leitura juntos em voz alta; vocês também podem considerar essa opção.

Capítulo 7. Deus se autossacrifica

ABRINDO-NOS PARA DEUS [5 MINUTOS]

Comecem com cinco minutos de silêncio, seguidos por uma breve oração.

TREINAMENTO PARA A ALMA [10-15 MINUTOS]

Dividam-se em pequenos grupos de três ou quatro pessoas e discutam sua experiência de ler o evangelho de João. Para ajudar o grupo a iniciar a conversa, o líder pode começar compartilhando suas ideias a respeito das seguintes questões:

1. O que você não observou que não tinha notado em leituras anteriores do evangelho de João?
2. Como você descreveria o efeito da leitura desta semana sobre sua vida?
3. Se o tempo permitir, passe alguns minutos examinando os exercícios anteriores para treinamento da alma. Quais exercícios você continua realizando? Que impacto eles continuam a ter em sua vida?

APLICANDO O CAPÍTULO [25-35 MINUTOS]

O foco principal desse capítulo é que o autossacrifício é uma parte essencial do caráter de Deus.

1. Esse capítulo começa com o relato sobre a incerteza da irmã do autor quanto à necessidade da cruz. Antes de ler o capítulo, como você teria explicado a necessidade de Jesus morrer na cruz?
2. Nas páginas 168-171, o autor apresenta um diálogo imaginário com Atanásio, baseado no livro *On the Incarnation*. Volte a essa seção e compartilhe partes que você realmente apreciou e partes que representaram dúvidas.
3. O autor apresenta a ideia de que Deus sente tanto alegria quanto dor. Como você se posiciona em relação a um Deus que sente dor? Por quê?
4. "Talvez a vulnerabilidade seja a verdadeira força" (p. 174). Essa ideia contraria narrativas culturais que muitos de nós cultivamos. Que pessoas você vê demonstrando força por meio da vulnerabilidade?
5. "No coração do Universo, reside este único princípio: *o autossacrifício é o ato mais sublime*. O grão precisa morrer para dar vida. O cosmo reflete a natureza do Deus que o criou" (p. 175). Você é capaz de citar outros exemplos da criação que revelam esse princípio? Você alguma vez já considerou o autossacrifício como característica de Deus? Que impacto essa declaração tem sobre seus sentimentos em relação a Deus?
6. Qual foi sua reação à história de Brennan Manning (p. 176-177), especificamente com respeito à ideia de que Jesus não poderia ter feito nada mais por nós?

APLICANDO A PALAVRA [15-25 MINUTOS]

O estudo bíblico a seguir é proposto no formato de uma *lectio divina*. Usem as Escrituras da próxima página como texto--

-base (Filipenses 2.6-11). Antes de começar, decidam quem lerá as Escrituras.

- Na primeira vez em que as Escrituras forem lidas, permita que a Palavra penetre sua mente. Reserve alguns minutos para silêncio.
- Na segunda vez em que as Escrituras forem lidas, anote qualquer palavra que Deus pareça estar enfatizando. Após a segunda leitura, qualquer participante do grupo pode compartilhar a palavra ou frase que o tocou, mas não deve elaborar demais a respeito.
- Leia a passagem uma terceira vez. Dessa vez permita que Deus revele a você o significado dessa palavra. Passe de três a cinco minutos em silêncio, conversando com Deus. Após o silêncio, qualquer um que desejar pode compartilhar o que estiver sentindo que Deus falou por meio da passagem.

> Seja a atitude de vocês a mesma de Cristo Jesus,
> que, embora sendo Deus,
>   não considerou
> que o ser igual a Deus
>   era algo a que devia apegar-se;
> mas esvaziou-se a si mesmo,
>   vindo a ser servo,
> tornando-se semelhante
>   aos homens.
> E, sendo encontrado
>   em forma humana,
> humilhou-se a si mesmo
>   e foi obediente até a morte,
>   e morte de cruz!
> Por isso Deus o exaltou
>   à mais alta posição
> e lhe deu o nome que está acima de todo nome,

> para que ao nome de Jesus
> se dobre todo joelho,
> nos céus, na terra
> e debaixo da terra,
> e toda língua confesse que Jesus Cristo é o Senhor,
> para a glória de Deus Pai (Filipenses 2.6-11).

SIGAM EM PAZ [5 MINUTOS]

Peçam a um voluntário do grupo que leia a citação a seguir. Então, sentem-se em silêncio por alguns minutos assimilando essas palavras para encerrar a reunião.

> Aqui está um princípio-chave do Reino de Deus: O que deixamos ir não se perde, mas se torna algo belo. Não é de surpreender que a manjedoura e a cruz sejam duas das mais belas imagens que este mundo já viu. Por meio da encarnação, Deus, que criou milhões de galáxias rotantes, escolheu tornar-se vulnerável. Ao fazer isso, o céu desceu e beijou a terra. Por meio da crucificação, Deus, que não podia morrer, sujeitou-se à morte. Ao fazer isso, atraiu o mundo inteiro à sua pessoa (p. 180).

Deus ama tanto vocês que se tornou vulnerável por sua causa. Sigam com essas maravilhosas boas-novas.

PRÓXIMA SEMANA

No capítulo seguinte, examinaremos como Deus nos transforma. A prática de treinamento para a alma será a solitude. Você precisará reservar tempo para essa prática e avisar outras pessoas de sua convivência que poderão ser afetadas quando ela for realizada.

Capítulo 8. Deus transforma

ABRINDO-NOS PARA DEUS [5 MINUTOS]

Comecem com cinco minutos de silêncio, seguidos por uma breve oração.

TREINAMENTO PARA A ALMA [10-15 MINUTOS]

Dividam-se em pequenos grupos de três ou quatro pessoas e passem de dez a quinze minutos discutindo sua experiência de solitude. Para ajudar o grupo a iniciar a conversa, o líder pode começar compartilhando suas ideias a respeito das seguintes questões:

1. Comece compartilhando como foi nosso tempo de solitude. Lembre-se de que para algumas pessoas essa disciplina pode ser muito difícil e até mesmo frustrante, enquanto para outras o exercício é bastante revigorante.
2. Um dos objetivos do tempo de solitude é dar a você a capacidade de "tirar as máscaras" e simplesmente ser quem você verdadeiramente é na presença de Deus. Essa é uma complexa e poderosa ideia, de modo que pode ser útil consultar a página 206. Isso descreveria sua experiência com esse exercício? Explique.
3. O que você aprendeu sobre Deus ou sobre si mesmo por meio desse exercício?

APLICANDO O CAPÍTULO [25-45 MINUTOS]

O foco principal desse capítulo é que a ressurreição de Jesus nos transforma em novas criaturas (nas quais Cristo habita), o que nos capacita e nos orienta a viver como cristãos.

1. O autor abre o capítulo com a história de um amigo seu chamado Carey, que não queria pecar, mas ainda assim continuava a fazê-lo. Como você relataria a luta de Carey para superar o pecado? O que

você fez no passado para lidar com áreas de pecado em sua vida? Quão efetivos foram seus esforços?

2. Leia a seguinte citação em voz alta: "Em Cristo não sou mais definido pelo pecado. Fui reconciliado. O pecado foi derrotado" (p. 189). Qual é a implicação dessa declaração para nossa vida cotidiana?

3. "Os cristãos são as pessoas em que Cristo habita" (p. 189). Como grupo, passem alguns minutos em silêncio. Durante esse período, imagine Jesus "habitando" você. Após o período de silêncio, caso se sinta à vontade, compartilhe com o grupo o que essa realidade significa para você.

4. Como pessoas "habitadas por Cristo", não estamos debaixo da lei; no entanto, nem tudo "nos convém". Nossas escolhas não *definem* mais quem somos; em vez disso, nossas escolhas são feitas *à luz* de quem somos. Reflita sobre as últimas vinte e quatro horas de sua vida. Lembre-se das escolhas que você fez. Que escolhas você fez para "definir quem você é". Que escolhas você fez "à luz de quem você é"? Como seu dia teria sido diferente se tivesse tomado mais decisões à luz de quem você é?

5. O autor nos apresenta um paradoxo maravilhoso: "Nós ministramos por meio de nossas fraquezas. Curamos os outros por meio de nossa vulnerabilidade porque é aí que Cristo brilha mais intensamente" (p. 201). De que maneira você está vulnerável? Como a luz de Cristo poderia brilhar através de suas feridas?

APLICANDO A PALAVRA [15-20 MINUTOS]

Leiam João 15.1-5 em voz alta.

1. O autor nos traz a seguinte definição de "permanecer": "Permanecer significa descansar e confiar em Jesus, que não está fora de nós, julgando-nos, mas dentro de nós, capacitando-nos. Quanto maior a presença e o poder de Cristo conosco, mais naturalmente

permaneceremos. Precisamos acertar nossa narrativa e praticar exercícios espirituais para aprofundar nossa consciência da verdade. No final das contas, o caminho de Jesus é fácil. Ele declarou que seu jugo é suave, e seu fardo, leve (Mateus 11.30). Tipicamente, tentamos fazer aquilo que acreditamos que Jesus quer de nós — como você fez com seu bracelete — por nossa própria força. Não podemos fazer isso. Mas podemos fazer todas as coisas naquele que nos fortalece (Filipenses 4.13)" (p. 197). Escreva sua própria definição de o que significa "permanecer" em Cristo, com base na definição do autor. Se você se sentir à vontade, compartilhe sua definição com o grupo.

2. Leia João 15.4,5 novamente. Quais práticas, se houver, ajudaram você a "permanecer" em Cristo?

SIGAM EM PAZ [5 MINUTOS]

Encerrem a reunião dizendo uns aos outros as seguintes palavras de boas-novas: Você foi destinado a abrigar a plenitude de Deus!

PRÓXIMA SEMANA

No capítulo seguinte, examinaremos o lento processo de transformação espiritual. A prática de treinamento para a alma será desacelerar.

Capítulo 9. Como fazer picles

ABRINDO-NOS PARA DEUS [5 MINUTOS]

Comecem com cinco minutos de silêncio, seguidos por uma breve oração.

TREINAMENTO PARA A ALMA [15-20 MINUTOS]

Dividam-se em grupos de três ou quatro pessoas para discutir a experiência de desacelerar. Para ajudar o grupo a iniciar a conversa, o líder pode começar compartilhando suas ideias a respeito das seguintes questões:

1. Desacelerar é uma atitude contracultural em nossos dias. Descreva os desafios que você encontrou no exercício. Você continuará tentando desacelerar no futuro?
2. Como você descreveria seu nível de pressa? Qual o impacto da pressa em seu relacionamento com Deus e com os outros?
3. O que você aprendeu sobre Deus ou sobre si mesmo por meio desse exercício?

APLICANDO O CAPÍTULO [25-40 MINUTOS]

O foco principal desse capítulo é que, para viver uma vida autêntica e efetiva, precisamos diminuir nosso ritmo de vida e tornar-nos conscientes do momento presente.

1. A primeira parte do capítulo (p. 213-221) analisa como nossa visão de tempo evoluiu até a "tirania do urgente" a ponto de consideramos a humanidade uma máquina desenhada para realizar tarefas com eficiência. Discuta suas experiências no ambiente de trabalho e as expectativas com relação a seu desempenho profissional.
2. O autor nos lembra que "não podemos amar, pensar, comer, rir ou orar com pressa" (p. 223). Analisando a semana que passou, o que você tentou fazer apressadamente que não poderia ter sido feito nesse ritmo? Em que ocasiões você desacelerou e experimentou as bênçãos decorrentes dessa atitude?
3. "Muitos de nós estamos tentando servir a Deus sem ouvir seus ensinamentos. Haverá tempo para servir, mas ouvir Jesus sempre tem a precedência" (p. 225). Em sua opinião, por que somos tentados a servir a Deus sem ouvir Deus? Qual o impacto de suas antigas

narrativas sobre Deus em relação à sua necessidade de ocupar-se com a obra de Deus?

4. O autor nos dá a seguinte ilustração de A. H. Strong: "Um aluno pediu ao diretor de sua escola se ele poderia fazer um curso que terminasse mais rápido que o curso tradicional. "Oh, sim", o diretor replicou, "mas isso depende do que você quer ser. Quando Deus quer fazer um carvalho, ele leva cem anos, mas, quando, quer fazer uma abóbora, ele leva seis meses". Strong prossegue explicando que o crescimento espiritual, além de ser lento, não é *uniforme*. Alguns anos, podemos experimentar um crescimento tremendo e, em outros, ver uma mudança bem sutil. Um carvalho cresce em tamanho apenas durante dois meses em um ano, diz Strong. O resto do ano, os outros dez meses, são gastos para solidificar esse crescimento" (p. 231). Fazendo um retrospecto de sua jornada espiritual no ano anterior, quando você experimentou crescimento e quando experimentou solidificação? E quanto aos últimos cinco e/ou dez anos?

5. Peça que alguém do grupo leia em voz alta a seguinte citação a fim de concluir esta seção:

> Por que é tão crucial eliminar a pressa de nossa vida? Quando eliminamos a pressa, tornamo-nos presentes ou, mais especificamente, presentes no momento presente, em toda a sua glória. Tornamo-nos conscientes do nosso ambiente. Vemos as cores e cheiramos as essências; ouvimos os sons mais delicados e podemos sentir o vento bater em nossa face. Em resumo, nós "aparecemos" e experimentamos plenitude de vida. E isso inclui algo não menos importante, que é estar na presença de Deus. Para viver bem como cristão, preciso estar constantemente conectado a Deus. A pressa não faz parte de uma vida bem vivida (p. 227).

APLICANDO A PALAVRA [15-20 MINUTOS]

Leiam Lucas 10.38-42 em voz alta.

1. Geralmente somos tentados a ver Marta e Maria como dois exemplos distintos de personalidade: Marta é a ativa inconveniente, e Maria é a contemplativa. No entanto, com base na percepção do autor, podemos ver que o problema não reside na personalidade de cada uma, mas nas escolhas que elas fizeram naquele momento particular: Marta escolheu servir, enquanto Maria escolheu ouvir. De que maneira você regularmente ouve Jesus? Que atividades tentam afastar você desses períodos de ouvir Jesus?
2. Cite maneiras específicas por meio das quais vocês como grupo podem apoiar e encorajar uns aos outros a continuar ouvindo Jesus.

SIGAM EM PAZ [15-20 MINUTOS]

Passe quinze ou vinte minutos compartilhando com seu grupo o que você aprendeu ao compartilhar esta jornada com eles. Discuta a seguinte questão: Como o grupo abençoou você durante essas últimas semanas?

OLHANDO ADIANTE [15 MINUTOS]

Nosso estudo de *O maravilhoso e bom Deus* chegou ao fim, mas há muitas opções para continuar o trabalho em grupo. Uma opção é iniciar o próximo livro desta trilogia, *The Good and Beautiful Life* [no prelo, por Editora Vida]. Os dois livros foram planejados em conjunto. *The Good and Beautiful Life* analisa as narrativas de Jesus e como aqueles que foram "mergulhados" em sua mensagem estão sendo libertados da luta contra a ira, a luxúria, a mentira, a autojustificação e assim por diante. O livro faz uma análise mais detalhada do Sermão do Monte.

Outra opção seria que os participantes do grupo atual formassem novos grupos e convidassem seus amigos para trilhar juntos *O maravilhoso e bom Deus*. Essa segunda opção é uma ótima maneira de continuar "mergulhando" nessas narrativas e apaixonar-se por Deus de maneira ainda mais profunda. Seja lá qual opção vocês preferirem, definam uma data para o reinício das reuniões.

Agradecimentos

Este livro — e os demais desta trilogia — não existiria sem Dallas Willard, o exemplo vivo de um verdadeiro aprendiz de Jesus, que me tem inspirado de incontáveis maneiras. O esboço de Dallas para um "currículo para tornar-nos semelhantes a Cristo" é o pano de fundo desses livros. É difícil avaliar o impacto de sua vida e de suas obras sobre minha alma.

Este livro também não teria sido escrito não fosse Richard J. Foster, que tem derramado sua vida e sabedoria sobre minha vida por mais de vinte e cinco anos. Todo mundo deveria ter um professor tão brilhante e autêntico como Richard. Sou extremamente grato a Richard por encontrar em mim algo no que valesse a pena acreditar e arriscar.

A pessoa que fez o maior sacrifício é minha maravilhosa, linda, divertida e muito paciente esposa, Meghan Smith. Ela suportou vários meses como uma "viúva do escritor", sem jamais reclamar. Muito obrigado, Meghan, por saber quão importante é esta trilogia para mim, ao apoiar-me e encorajar-me em cada passo do caminho. Obrigado também por editar o material o tempo todo. Minha vida inteira é melhor por sua causa. Você ainda me tira o fôlego.

Meus filhos Jacob e Hope também abriram mão de muita coisa enquanto eu escrevia. Obrigado por me permitirem contar suas histórias. Obrigado também por todo o apoio durante esses anos em que escrevi, reescrevi, editei e ensinei este material. Sei que o tempo que passo com outras pessoas é tempo subtraído de nossa convivência. Farei de tudo para compensar vocês!

Também gostaria de agradecer a nossos primeiros discípulos e agora colegas por todo o estímulo e apoio. Aos dois "filhos do trovão": Patrick Sehl, obrigado por seu incessante auxílio e amor por este material; e C. J. Fox, obrigado por ser um exemplo de integridade e entusiasmo. Aos dois "sábios lendários": Matt Johnson, obrigado por sua silenciosa confiança, dedicação ao Rei e ao Reino, e pela essência de patchuli; e Jimmy Taylor, obrigado por sua criatividade, profundidade e por seu amor absoluto a Jesus. Esses quatro jovens irão mudar o mundo.

Gostaria de agradecer a três de meus colegas na Friends University que leram o manuscrito desta trilogia, ofereceram muitas sugestões úteis e me ajudaram a evitar alguns erros — ao dr. Chris Ketter por seus *insights* teológicos, ao dr. Stan Harstine por seu brilhantismo bíblico e ao dr. Darcy Zabel por suas habilidades literárias.

Tenho um grande débito com Kathy Helmers, minha agente e guia no labiríntico mundo editorial, por compartilhar meu amor por esta trilogia, transformando-a em algo bom e então encontrando o parceiro certo para a publicação. Kathy, você é a melhor no que faz, e sou um felizardo em trabalhar com você.

Gostaria também de agradecer a Jeff Crosby e Cindy Bunch da InterVarsity Press, que deixaram claro para mim desde o momento em que nos encontramos que vocês eram pessoas de qualidade com habilidades incríveis, uma paixão pela publicação de bons livros, e uma clara visão do que esta trilogia é e pode ser. Sou abençoado em trabalhar com vocês dois.

Gostaria de agradecer a outros que contribuíram de maneira menos visível.

Emil Johnson — por sua leitura cuidadosa do livro e encorajamento contínuo.

Bob Casper — por acreditar em mim e nestes livros e por sua mente brilhante.

Jeff Gannon — meu pastor, amigo e colega trabalhador do Reino.

Lyle SmithGraybeal — por nunca ter duvidado dos três livros que compõem esta trilogia.

Vicki e Scott Price — por me amarem e acreditarem em mim neste projeto.

Finalmente, agradeço àquelas pessoas que participaram deste "curso" na Chapel Hill UMC, em Wichita, no Kansas, e estudaram e puseram em prática os conceitos tratados, permitindo-me aprender com base em suas experiências e descobertas. Sua presença flui nas páginas da série. Vocês trabalharam neste material e merecem ser citados: Betty Leader, Chris Faulk, Trevor Hinz, Stuart Mochrie, Doug Oliver, Ernie Reiger, Pete Orsi, Barb Orsi, Phil Ladwig, Richard Spillman, Arlo Casper, Marita Soucie, Tammy Langton, Craig Rhodes, Tracy Cassidy, Greg Fox, Michael Criss, Craig Warren, Ben Leader, Jane Albright, Chris McNeil, Joy McNeil, Paul Oldland, Denise Oldland, J. J. Miller, Charlotte Miller, Kelly Sooter, Steve Coen, David Nelson, Bob Casper, Nancy Wallace, Mary Warren, Shawn Chesser, Mary Uttig, Pam Tilson, Abe Rodriguez, Cassie Hill, Eric Johnson, Eva Johnson,

Andrew Tash, C. J. Fox, Matt Johnson, Catherine Johnson, Bill Eichelberger, Laurie Rhodes, Sheree Gerig, Lu Ross, Bob Ross, Ashley Brockus, B. J. Brockus, Juliet Mochrie, Monica Coen, Jenny Bennett, Dan Bennett, Gary Shanks, Kylie Jennings, Arlene Amis, Kassie Taylor, Jason Searl, Carrie Mills, Preston Todd, Carlee Todd, Stacy Clark, Patrick Sehl, Janeen Sehl, Chuck Romig, Kim Romig, Scott Price, Vicki Price, Josh Luton, Carol Jones, Charlie Schwartz, Chrissy Searl, Christine Vogt, Holly Myers, Tony Myers, Jane Frye, Laurie Furse, Rick Furse, Lindsey Bricker, Pam Larsen, Suzanne Schwartz, Chris Randolph, Jill Casper, Mark Zonnefeld, Bob Epperson, Malaura Epperson, Charlie Tannehill, Cindy Tannehill, Dan Jehlik, Diana Storm, Jack Storm, Dick Heggestad, Cheryl Heggestad, Gay Hendrickson, Kim Packebush, Terri Guthrie, George Guthrie, Mike Todd, Terri Todd, Jennifer Hinz, Meghan Smith, Brooke Hill, Carol Fisher, Joan Tash, Brooke Krause, Dennis Phelps, Justin Lefto e Kara Lefto.

Sobre o RENOVARE

Há exatos vinte anos, Richard J. Foster, meu mentor e amigo, me disse: "Jim, estou começando um ministério. É tempo de derrubar os muros que separam as denominações. A igreja precisa desempenhar melhor sua tarefa primordial — que é fazer discípulos. E as pessoas precisam aprender a praticar as disciplinas espirituais não apenas como indivíduos, mas como parte de um grupo. Precisamos ajudar a igreja moderna a conectar-se com a igreja primitiva. Gostaria que você me ajudasse a desenhar e liderar esse programa". Eu aceitei o desafio. Um mês depois, encontrei Richard para almoçar, e ele me disse que tinha encontrado um nome para esse ministério de renovação espiritual: RENOVARE[1] (palavra latina que significa "renovar"). Na hora, soube que estávamos em apuros: ninguém (nos Estados Unidos) seria capaz de pronunciar esse nome, e ninguém saberia o que isso quer dizer. Mas soava realmente interessante, porque desde o princípio era algo realmente ousado e desafiador.

---

[1] Para mais informações, acesse RENOVARE BRASIL em: <www.renovare.org.br>.

O que me alegra no RENOVARE é que ele trabalha ao lado das igrejas, provendo-lhes recursos, sem tentar desempenhar sua função última, a saber, fazer discípulos de Jesus Cristo. Muitas pessoas esquecem que os seguidores de Cristo foram *discípulos* porque praticaram as *disciplinas* de Cristo; apesar disso, foram aquelas práticas de oração, moralidade, compartilhar o evangelho, serviço, comunhão e dons espirituais que tornaram a vida dos discípulos tão dinâmica e tão rica.

O RENOVARE está ajudando as pessoas e as igrejas a redescobrir essas práticas para que possamos ser mais parecidos com Jesus. Tenho trabalhado com o RENOVARE por todos esses anos (e me associei a ele no desenvolvimento desta série de livros) porque ele sabe que seguir Cristo é mais que uma denominação, mais que o último programa da igreja, e nos dá ferramentas para descobrir a vida com Deus nos desafios de nossa vida cotidiana.

Talvez você não perceba imediatamente, mas o livro que acabou de ler tem muito do RENOVARE — tem o mesmo DNA, se você preferir. Assim, espero que você não pare por aqui, porque o RENOVARE — tanto a organização quanto a comunidade das pessoas mais parecidas com Cristo que eu conheço — continua a conversa e a jornada que você iniciou neste livro. Venha e caminhe conosco.

Conheça um pouco
mais da trilogia de

O MARAVILHOSO
E BOM
DEUS

A maravilhosa e boa vida

"Jamais encontrei uma pessoa cuja objetivo fosse arruinar a própria vida. Todos nós queremos ser felizes, e queremos isso o tempo todo."

É assim que James Bryan Smith começa A *maravilhosa e boa vida*. O problema, conta-nos ele, é que somos levados a falsas noções de felicidade e sucesso. Decisões autocentradas levam-nos muito além dos maus hábitos que nos causam ruína: raiva, luxúria, mentira, preocupações e julgamentos. No final das contas, acabamos vivendo uma vida de autodestruição adornada numa linda embalagem.

Segundo o Sermão do Monte, esta sequência de *O maravilhoso e bom Deus* nos leva a olhar por trás das nossas falhas de caráter e a rever as falsas crenças que nos têm dominado, segundo o padrão dos valores de Jesus, sobre a vida no Reino de Deus.

A maravilhosa e boa comunidade

Neste terceiro livro da trilogia, James Bryan Smith nos ajuda a descobrir como nos relacionamos com outros aprendizes de Jesus. "Os aprendizes de Jesus não são praticantes do bem 'de meio período'", escreve. "Vivem em contato permanente com o Reino de Deus e são o *tempo todo* homens e mulheres em quem Cristo habita. Não falam a verdade em apenas *algumas situações*, não vivem de maneira sacrificial apenas *ocasionalmente*, nem perdoam *uma vez ou outra*. Há uma número grande de oportunidades em que podemos influenciar o mundo em que vivemos."

Apesar disso, muitas vezes caímos no erro de enfatizar demais ou a fé pessoal, ou a justiça social. Nas páginas deste livro, aprenderemos *como combinar* formação espiritual e participação na comunidade; além disso, o autor traz uma nova série de práticas espirituais baseadas nas narrativas verdadeiras sobre Deus e sobre o mundo para alimentar a nossa alma. Sua perspicácia e humildade como aprendiz nos levarão a *viver de maneira autêntica a comunidade de seguidores de Cristo*, fazendo transparecer a luz do Espírito em cada um dos nossos relacionamentos.

Leia também...

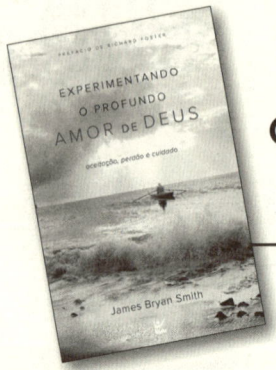

Experimentando o profundo amor de Deus

JAMES BRYAN SMITH

"A coisa mais fascinante que pode acontecer com o ser humano é o fato de ser amado por Deus. Somente isso fala ao sentimento persistente de isolamento e de falta de significado que sentimos. As boas-novas são que fomos amados e somos amados, cada qual de maneira singular, individualmente. No cerne do Universo está o amor, o amor divino, pessoa, íntimo, o amor de Deus por você e por mim... Quando experimentarmos esse amor nos termos mais profundos da alma, nenhuma outra realidade poderá ser mais perturbadora, mais radicalmente curadora, mais completamente transformadora." — RICHARD J. FOSTER.

Conta-se que, certa vez, repórteres perguntaram ao grande teólogo, Karl Barth, qual seria seu pensamento mais profundo, a que ele respondeu: "Jesus me ama, isto eu sei, pois a Bíblia assim o diz".

O autor destila aqui os princípios básicos do amor cristão e oferece um novo modelo para o relacionamento com Deus, consigo mesmo e com os outros, baseado, não em temor e juízo, mas em aceitação e carinho

JAMES BRYAN SMITH está surgindo como líder espiritual de uma nova geração por meio de seu trabalho com a organização RENOVARE, de Richard Foster. Smith é coautor de *Jornada de formação espiritual: um guia prático para pequenos grupos*, ao lado de Eduardo Pedreira [no prelo], e também de *Clássicos devocionais*, ao lado de Richard Foster.

Celebração da disciplina

RICHARD FOSTER

Poucos livros sobre espiritualidade conbinam verdadeira originalidade com integridade intelectual. Entretanto, foi exatamente essa a combinação que Richard Foster conseguiu produzir. Impregnado pelos clássicos devocionais, o autor apresenta-nos um estudo cuidadoso que será apreciado ainda por muito tempo.

Classificando as disciplinas em três movimentos do Espírito Santo, o autor mostra como cada uma delas contribui para uma vida espiritual equilibrada. As *disciplinas interiores* levam os famintos de Deus a uma transformação genuína. As *disciplinas exteriores* são um reflexo das prioridades do Reino de Deus em seus filhos. As *disciplinas comunitárias* lembram-nos de que é na comunhão com os cristãos que nos aproximamos mais de Deus.

A presente edição comemora o aniversário de 30 anos de sua primeira publicação em inglês, em 1978. Um clássico aclamado pela revista *Christianity Today* como um dos dez livros cristãos mais importantes do século XX. Desde seu lançamento, este livro tem ajudado milhões de pessoas a descobrirem a porta de entrada para uma vida espiritual rica, plena de contentamento, paz e profunda compreensão de Deus.

RICHARD J. FOSTER é autor renomado de vários best-sellers, teólogo, professor na Friends University e pastor da Evangelical Friends Churches. Fundador da RENOVARE, uma organização cristã voltada para a renovação da igreja. Mora em Denver, Colorado, EUA.

Esta obra foi composta em *GoudyOlSt BT*
e impressa por Gráfica Expressão e Arte sobre papel
Pólen Bold 70 g/m² para Editora Vida.